国民皆保険制度を破綻させてはならない

浜岡 孝

はじめに

我が国の医療保険制度は、これまで非常に有効に機能し、国民生活の安定と経済の発展に大きな貢献を果たしてきました。1961年に国民皆保険を確立して以降、幾多の先人が積み重ねてきた努力の結晶であると言えるでしょう。世界にもあまり例を見ないこうした素晴らしい制度を構築することが出来た要因は主に次の3点と考えられます。

（1）財源問題。保険財政は保険料、税の投入、患者の自己負担の三つしかありえません。この三者の負担バランスをどの様に組み立てるかは国民の大きな関心事であり、従って常に政治の大きな課題となっています。現在、保険料負担が約5割、税負担が国・地方合わせて約4割、患者の自己負担が約1割となっていますが、当然のことながら、時の政治情勢と様々な利害関係者を含めた論議の末に辿り着いた結果であり、これまで概ね国民の理解を得ながら修正されて来たものと評価できると思います。

（2）保険者体制。現在、保険者は健康保険組合が約1400組合、協会けんぽが1、国民健康保険が47（都道府県単位に括られる前は約1700）、後期高齢者広域連合が47、共済組合が85であり、特に健康保険組合の数が多く、単一企業（群）や同業種の企業群で細分化されています。こうした保険者の多元的体制が、保険料の徴収や健康増進活動や各種健康診断奨励などの保健事業展開を容易にし、保険財政の安定と医療費の節減に大きく貢献してきたと考えられます。

（3）医療提供体制。我が国には病院が約8500、診療所が約100000、歯科医院が約68000、調剤薬局が約59000存在します。一部、医療資源が薄い地域は存在するものの、概ね全国何処でも何時でも誰でもフリーに医療機関にアクセスできる体制が完備されています。しかも「償還払い制」を採っていないため、自己負担分の支払いのみで済むことが大きな利点と言えるでしょう。医療体制の充実が医療保険制度への信頼度と完成度を高めてきたことは皆が得心することであろうと思います。

現行の医療保険制度は全体としては上手く機能しているように見えますが、当然、制度の細部では解決すべき多くの課題を抱えています。また、少子高齢化が急速に進む中で、将来に向けての制度見直しの議論が高まりつつあることも事実です。公的医療保険制度の最大の課題は、国民の認識かもしれません。大多数の国民にとっては、皆保険制度は空気や水のように当たり前にそこに存在するものであり、こうした諸課題に気づいていないことが最大の問題ではないでしょうか。

そこで本編では、第一章で我が国の公的医療保険制度の現状を整理しました。国民医療費の構造や保険者の財政状態、医療提供体制の状況等を大まかに報告します。第二章では、現行制度が抱える諸問題を整理しました。特に、国民・患者側の視点、その代弁者である保険者側からの意見を中心に課題をまとめたものです。また、保健事業の課題についても触れたいと思います。第三章では、我が国と同じく皆保険制度を採るドイツとフランスの医療保険制度を紹介します。いずれの国も高齢化と医療費の増加に対応するための制度改革を実施または実施しようとしていますが、こうした動きが我が国の公的医療保険制度改革の参考となるかもしれないと考える次第です。最後の章では、現状の諸課題の解決方向や近い将来の制度改革に向けた考え方を提起します。

高齢化を考えれば、医療と介護は密接に関係することから、本来であれば医療保険改革は介護保険とセットで議論すべきものであろうと思いますが、本編では敢えて「医療」に限定してまとめることとしました。勿論、介護保険との連続性を意識しながら問題提起することとしています。

国民医療費は２０１８年度政府予算ベースで約45兆円であるのに対し、厚生労働省は２０２５年度には54兆円に達すると推計しています。こうした高齢化等による医療費伸長の中で、保険料・税・患者負担それぞれの財源バランスをどの様にとっていくのか、また、負担方法が何であれ、いずれにしても医療費は国民が負担するものであるため、国民負担率の中で税負担と社会保険料負担の割合をどの様に設定するかといった観点からの全体的な議論が必要です。更に、現行の医療保険制度では高齢者の医療費の一部を現役世代が負担するという構図になっていますが、少子化の中でこうした負担増について現役世代・高齢世代にどのように理解を求めていくかという視点からの議論も必要でしょう。また、現行制度が抱える諸問題の一部もこうした議論の中で解決する姿勢を示すことも必要だと考えます。

我が国の国民皆保険制度は全ての国民にとって貴重な、日本が世界に誇るべき「宝」であり、何としても堅持していかなければなりません。しかしながら、高齢化や医療の高度化が進む中で必要財源は大幅に増えざるを得ないのが現状です。その覚悟を国民に示しながら改革の議論を深めるべき時期に来ていると思います。本編がそうした議論の端緒になればと願う次第です。

目次

日本の医療保険の将来を考える

――国民皆保険制度を将来世代につなぐために

第二章　我が国の現行医療保険制度の課題

第一章

我が国の医療保険制度の現状

1　国民医療費の構造

２０１６年度の我が国の国民医療費は約42兆１千億円。人口一人当たり医療費は年間３３２０００円でした。

【医療費の負担割合】

医療費の負担割合は、公費負担が４割弱、保険料５割弱、患者負担等１割強となっています（図表１―１―１）。

【国の負担額と分配先】

２０１８年度政府予算では国庫の医療負担は約11兆８千億円で社会保障費経費の35・８％を占めています。配分先は、国民健康保険、全国健康保険協会、後期高齢者広域連合等です（図表１―１―２）。

【診療種類別医療費】

診療種類別医療費を見ると、医科診療が約71％、歯科診療が約７％、薬局調剤が約18％、その他約４％となっています。入院外（外来）の内訳は病院が約42％、診療所が約58％です。薬局調剤は医薬分業の進展により比率が高まっています（図表１―１―３）。

図表１－１－１　国民医療費の負担構造（2016 年度）

（単位：億円）

公費 162,840（38.6%）		保険料 206,971（49.1%）		その他（12.2%）
国庫 25.4%	地方 13.2%	事業主 20.8%	被保険者 28.3%	患者負担 11.5%

（出典：財政制度等審議会資料より）

図表１－１－２　国庫負担の配分先（2018 年度）

（単位：億円）

（１）国民健康保険	33,834
（２）全国健康保険協会管掌健康保険	11,803
（３）後期高齢者医療給付費負担金	50,833
（４）医療扶助費負担金	14,112
（５）その他	7,497

（出典：財政制度等審議会資料より）

図表１－１－３　診療種目別国民医療費比率（2016 年度）

（単位：億円）

医科診療 71.6%		歯科	薬局調剤	他
入院 37.5%	入院外 34.2%	6.8%	18.0%	3.6

（出典：財政制度等審議会資料より）

図表１－１－４　年齢階級別医療費（2016 年度）

65 歳以上　59.7%			65 歳未満　40.3%	
75 歳以上 36.5%	70～74 歳 11.3%	65～69 歳 11.9%	45～64 歳 21.8%	44 歳以下 18.5%

（出典：厚生労働省資料より）

【年齢階級別医療費】

国民医療費の約6割は高齢者分となっています（図表1―1―4）。

2　医療費の伸び

2―1　国民医療費の推移

過去の国民医療費の伸びは年率平均すると2・0％程度です。特に後期高齢者医療費の一定幅の増加が医療全体の伸びに大きく影響しています（図表1―2―1）。

2―2　医療費増加の要因

厚生労働省が公表している医療費増加の要因を見ると、高齢化に伴う影響は1.2％～1・5％程度、医療の高度化に伴う影響が最近では時に2％を超えるほど大きくなっています。隔年で実施される診療報酬改定による影響は小さく見えますが、これは薬価等の切下げが含まれているためです。人口減の影響や度々実施された患者負担の見直しは勿論マイナスに働いています（図表1―2―2）。

高齢化に伴い医療費が増大していくことはやむを得ないと言えると考えます。厚労省資料

図表１－２－１　国民医療費の伸び

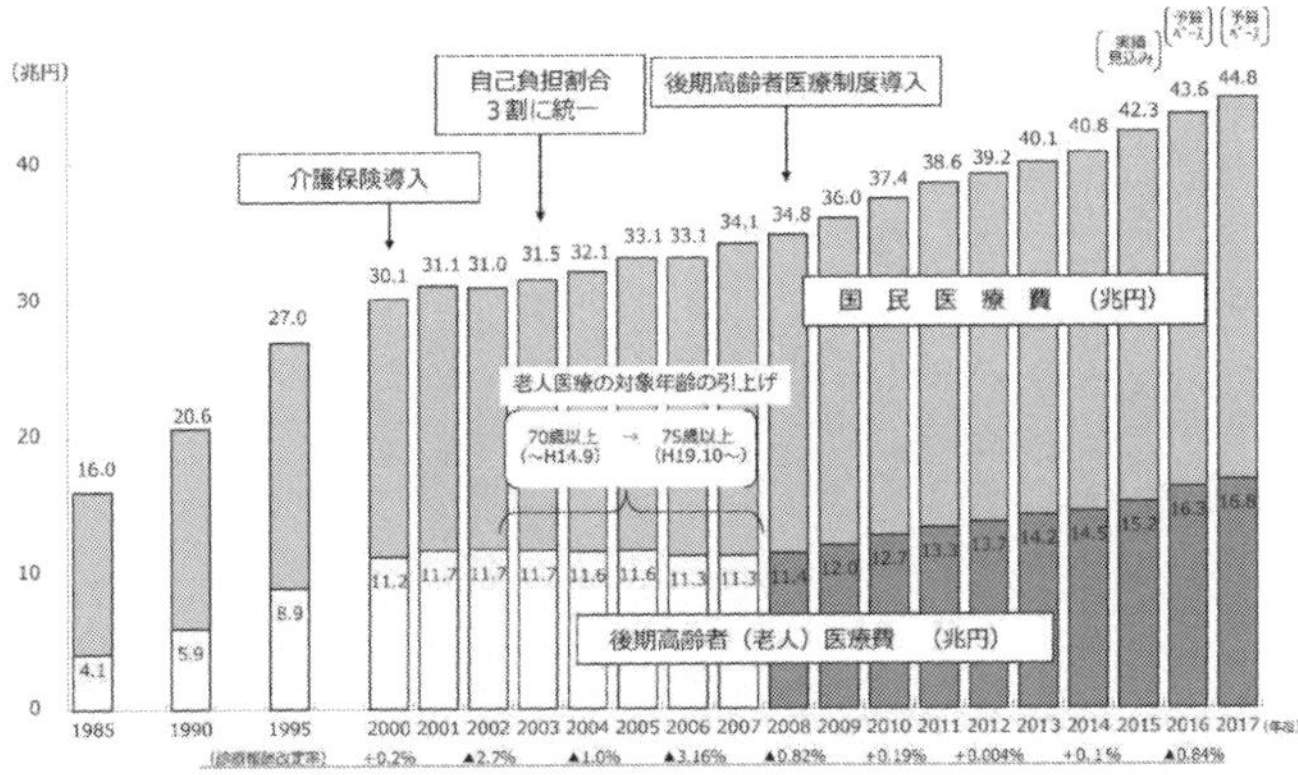

(注) 2015年度の国民医療費（及び後期高齢者医療費）は実績見込みである。
2015年度分は、2014年度の国民医療費に2015年度の概算医療費の伸び率を乗じることによって推計している。
また、2016年度及び2017年度の国民医療費は予算ベースである。

（出典：財政制度等審議会資料より）

図表１－２－２　医療費の伸びの要素分解

	2007	2008	2009	2010	2011	2012	2013	2014	2015
医療費の伸び	3.0%	2.0%	3.4%	3.9%	3.1%	1.6%	2.2%	1.8%	3.8%
診療報酬改定		－0.82		0.19		0.004		－1.26	
人口増	0.0	－0.1	－0.1	0.0	－0.2	－0.2	－0.2	－0.2	－0.1
高齢化の影響	1.5	1.3	1.4	1.6	1.2	1.4	1.3	1.2	1.2
消費税対応								1.36	
その他	1.5	1.5	2.2	2.1	2.1	0.4	1.1	0.6	2.7

＊注)「その他」には医療の高度化、患者負担見直し等種々の影響を含む

（出典：厚労省 28 年 9 月中医協資料より）

によれば、２０１６年度の国民一人当たり年間医療費を年代別に見ると、75歳未満が21・８万円に対し75歳以上は93万円で4.2倍に達しています。

医療の高度化の具体例は、腹腔鏡下手術、ダ・ビンチ支援手術、重粒子線がん治療など患者の負荷を低減する新しい医療技術の開発・導入、ソバルディやハーボニーといったC型肝

炎治療薬やオプジーボやキーとルーダといった抗がん剤など新しいコンセプトの薬剤の開発等があげられます。いずれも高額であり、短期的には医療費の伸びに大きな影響を与えることが多いと言えます。

3　医療保険者の財政状況等

3―1　健康保険組合の財政状況

健保組合は全国に約1400組合存在します。単一企業やそのグループ会社も含めた健保組合が多いのですが、同業の中小企業がまとまって設立した総合健保も250組合ほど存在します。健保組合の加入者数は約2900万人。国や地方からの補助は殆ど無く、従って、被保険者と事業主が拠出した保険料のみで運営されている医療保険者です。平均保険料率は9・16％となっています（図表1―3―1）。

2008年の高齢者医療制度創設に拠り、健保組合は毎年3000億円を超える経常赤字を計上してきましたが、ここ4年間は漸く経常黒字にこぎつけています。ポイントは次の通りです。

(1)赤字組合は580組合（全組合の41％）、拠出金は経常支出の44％を占める。義務的経費（保

図表１－３－１　2017年度健保組合の経常収支状況

（単位：億円）

		2017年度決算見込	2016年度決算	増　減
経常収入	健康保険収入	80,869	78,502	2,367
	その他収入	1,130	1,122	8
	経常収入計	81,999	79,624	2,375
経常支出	保険給付費	40,072	39,246	826
	後期高齢者拠出金	18,324	16,796	1,528
	前期高齢者拠出金	16,941	16,023	918
	保健事業費	3,386	3,274	109
	その他支出	1,931	1,906	25
	経常支出計	80,653	77,248	3,406
経常収支差引額		1,346	2,376	▲1,030

（出典：健保連決算発表）

険給付費＋拠出金）に占める拠出金割合が50％を超える組合は４９０。

（２）現行の高齢者医療制度創設前の２００７年と比較すると、平均保険料率は７・30％から２０１７年度には９・16％に上昇、これによる保険料収入の増加額は２兆円強。

（３）この間、高齢者医療制度などへの拠出金は２兆３２２１億円から３兆５２６５億円と51％も上昇、一方、加入者に対する保険給付費は３兆２８３８億円から４兆72億円と22％の増加にとどまっています。

３－２　全国健康保険協会（協会けんぽ）の収支状況

協会けんぽは47都道府県に支部を展開し運用されています。加入者数は約３８００人、加入事業者数は２００万強、保険料率は平均10・０％（支部毎のインセンティブ制度を導入しているため、都道府県毎に保険料率に若干差があります）。保険給付費と前期高齢者拠出金に対し総額の16・4％を国庫から補助されています。これは加入者が中小企業の被雇用者であり、健保組合被保険者に比べ所得が低いことを考慮して国庫で補填されているものです（図表1―3―2）。

協会けんぽは2008年に発足しましたが、当初は保険料率が8・2％と低かったこともあり、大幅赤字を計上、国の追加支援を受ける状態に陥りました。その後、料率を引上げると共に、国庫助成率を13・0％から16・4％に引上げ、また、後期高齢者支援金の算定方法を変更して協会けんぽの負担を軽減する方策がとられた為、収支は大幅に改善しています。ポイントは次の通りです。

（1）景気好転等と短時間労働者の適用拡大の影響で被保険者数が3・9％増加しており、また賃金が0・6％増加したことが保険料の増収に寄与しています。

（2）義務的経費（保険給付費＋拠出金）に占める拠出金負担割合は36・7％であり、健保組合の拠出金負担割合43・7％に比してかなり低くなっています。これは後期高齢者支援金の算定方式を加入者割から総報酬割に切り替えたことも影響していると考えられ

図表１－３－２　2,017年度全国健康保険協会の収支状況

（単位：億円）

		2017年度	2016年度	増　減
収　入	保険料収入	87,974	84,142	3,832
	国庫補助等	11,343	11,897	▲554
	その他	167	181	▲14
	収入計	99,485	96,220	3,265
支　出	保険給付費	58,117	55,751	2,366
	拠出金	34,913	33,678	1,235
	その他	1,969	1,805	164
	支出計	94,998	91,233	3,765
単年度収支差		4,486	4,987	▲501
準備金残高		22,573	18,086	4,487

（出典：協会けんぽ収支報告書）

ます。

（３）８年連続の黒字により準備金残高は２兆２５７３億円。これは義務的経費の３・１か月分に相当します。このため、単年度黒字の一部を国庫に返納しています。

３―３　国民健康保険の収支状況

国民健康保険は加入者約３２００万人。約１７００の市町村が保険者として運営してきましたが、２０１８年４月から都道府県単位化されることとなりました。これは、保険運営はこれ迄通り市町村が担い、都道府県が財政管理と統括と監督を行なうとする体制です。

具体的には、都道府県が事業運営に必要な費用を納付金として市町村毎に割り当て、市町村は加入者から保険料を徴収して納付金を納める、都道府県は市町村に保険給付に必要な費用を交付するという仕組みです。都道府県単位化のために国は新たに3400億円を追加交付しています。都道府県毎に一律の統一保険料率を目指す方向ですが、実現までには一定の時間を要すると思われます（図表1―3―3）。

国民健康保険は高齢者を多く抱え、保険料収入と保険給付費・拠出金負担がバランスしないため、多額の税投入と被用者保険からの納付金で支えています。都道府県単位化によって長期的に財政が安定するかは不透明な状況と言えます。ポイントは次の通りです。

（1）年金生活者が多いことから所得水準が低く、また保険料収納率が92・7％程度と被用者保険に比べて低い為、収入総額に占める保険料収入の割合は18％に過ぎません。

（2）これまで国民健康保険は、収支赤字を埋めるため、毎年2000～3500億円を市町村一般会計から法定外で繰り入れしてきました。都道府県単位化に伴う国庫の追加投入などにより、この法定外繰り入れは廃止する方向となっていますが、今後実際に収支赤字が発生した場合、国費の追加投入か市町村または都道府県による地方税の追加投入が不可避となります。この赤字補填問題が今後、政治問題になるかもしれません。

図表１－３－３　2016 年度国民健康保険の収支状況（医療＋介護保険）

（単位：億円）

		2016 年度	2015 年度	増　減
収　入	保険料収入	28,912	29,506	▲594
	国庫支出金	33,946	34,509	▲563
	都道府県支出金	11,822	11,743	79
	前期高齢者交付金	35,226	34,800	426
	一般会計繰入金	4,605	8,812	▲4,207
	その他	42,519	44,306	▲1,787
	収入総額	157,030	163,676	▲6,646
支　出	保険給付費	92,655	95,539	▲2,884
	後期高齢者支援金	17,040	17,868	▲828
	その他	47,230	48,395	▲1,165
	支出総額	156,925	161,802	▲4,877
収　支　差　額		1,069	1,874	▲805
精算後単年度収支差		▲1,468	▲ 2,822	▲1,354

（出典：国保中央会事業報告）

（3）厚生労働省によれば、前期高齢者交付金のうち約２０００億円は国保に在籍する前期高齢者に対する保険給付費以外に使用されているとのことです。納付金額について被用者保険側から批判を受けている状況です。

厚生労働省の「２０１７年度国民健康保険実態調査報告」によれば、国民健康保険被保険者のうち45・３％が無職、非正規等の被用者が32・７％であり、自営業者は15・６％、農林水産業従事者は２・３％に過ぎません。平均年齢は52・９歳、平均所得は年１３６万円程度で、保険料負担は一世帯当たりで１４２２８７円、一人当たり８９７０９円となっています。所得に対する保険料調定額（医療給付費分＋後期高齢者支援金分）の割合は一世帯当り10・５％となっています。保険料収納率は、全体で92・7、世帯主の年齢が上がるほど収納率が高くなっています。年代別では、65歳～74歳が最も収納率が高く97・6％、逆に最も低いのは25歳未満で収納率は63・7％となっています。

3―4　後期高齢者医療広域連合の収支状況

後期高齢者は約1650万人、都道府県ごとに47の広域連合で運営されています。但し、都道府県は保険者ではなく、市町村が窓口を担い、広域連合の事務も市町村からの出向者で運営されています。

後期高齢者の医療給付費の財源構成は、国税と地方税が50％、被用者保険と国保からの支援が40％、後期高齢者保険料が10％となっています（図表1―3―4）。

収入の約9割が税負担と74歳以下の全国民の支援で保証されていることから、広域連合の財政はこれまで概ね順調に運営されてきています。2017年度末の広域連合の基金残高が約2000億円あり、当面、財政的問題は生じないと思われます。

4　患者負担

図表１－３－４　2016年度広域連合の収支状況

（単位：億円）

		2016年度	2015年度	増　減
収　入	保険料収入	11,300	10,691	608
	国庫支出金	48,234	47,642	592
	地方負担金	23,686	22,823	812
	後期高齢者交付金	59,456	58,776	680
	その他	9,351	10,046	▲695
	収入総額	152,027	149,978	2,049
支　出	医療給付費	142,574	140,455	2,119
	その他	4,502	5,262	760
	支出総額	147,076	145,717	1,359
収　支　差　額		737	▲726	1,463

（出典：厚労省「後期高齢者医療事業状況報告」）

図表１－４－１　１か月の医療費自己負担額の上限額（70歳未満）

所得区分	ひと月の上限額
年収約1,160万円以上	252,600円＋(総医療費－842,000円)×1％
年収約770～1,160万円	167,400円＋(総医療費－558,000円)×1％
年収約370～770万円	80,100円＋(総医療費－267,000円)×１％
年収約370万円未満	57,600円
低所得者など	35,400円

４－１　患者負担割合

患者の自己負担割合は、69歳以下が３割、70歳～74歳が２割（但し現役並所得者は３割）、75歳以上が１割（但し現役並所得者は３割）、６歳未満（義務教育就学前）が２割の負担となっています。現役並所得とは年収約３７０万円以上が対象です。

４－２　高額療養費制度

高額療養費制度は、医療費の自己負担が過重にならないよう、医療機関窓口で自己負担分を一旦支払った後、月毎の自己負担限度額を超える部分について保険者から償還払いされる仕組みです。２０１５年に主として年収の高い者や70歳以上の者の限度額見直しが実施されています（図表1—4—1）。

5　医療提供体制の現状

医療提供体制の改革に関しては社会保障審議会医療部会において、医療を取り巻く変化に対応した、より効率的で質の高い医療提供体制の構築を目指す検討が進められているほか、中央社会保障医療協議会において診療報酬の点数配分や算定要件の変更を活用した政策誘導による改革が議論されています。地域医療構想や地域包括ケアシステム、在宅医療推進等の体制構築、医療に対する新たな財政支援の仕組み、医療事故に係る調査の仕組み、臨床研究推進など、医療提供体制全般に亘る検討が続けられ、その一部は既に実施されています。医療提供体制に関する現状は次の通りです。

5—1　医療施設医療従事者等

我が国の主な医療施設は、病院が約8500、一般診療所が約100000、歯科診療所が約68000、調剤薬局が約59000存在します。我が国の医療施設などの特徴点は次の通りです（データは2017年11月厚労省社会保障審議会医療部会提出資料を使用）。

図表１－５－１　開設者別病院数（2014 年）

国	公的医療機関	社会保険団体	医療法人	個人	その他	総数
329 (3.9%)	1,231 (14.5%)	57 (0.7%)	5,721 (67.4%)	289 (3.4%)	866 (10,2%)	8,493 (100%)

図表１－５－２　病床規模別病院数（2014 年）

22～99 床	100～299 床	300～499 床	500 床以上
3,092	3,873	1,091	437

図表１－５－３　病床種別病床数（2014 年）

一般病床	療養病床	結核病床	感染症病床	精神病床	総数
894,216 (57.0%)	328,144 (20.9%)	5,949 (0.4%)	1,778 (0.1%)	338,174 (21.6%)	1,568,261 (100%)

（1）ここ20年間で病院は１５００施設減少し、逆に診療所は２００００施設増加しています。

（2）民間中心の医療提供体制となっています（図表１―５―１）。

（3）病院の中では299床以下の中小の病院が多くなっています（図表１―５―２）。

（4）病床総数のうち、特に一般病床数が多くなっています（図表１―５―３）。

（5）歯科診療所は小規模施設が大部分です。

（6）調剤薬局の設置数は急速に拡大し、医薬分業の進展が大きく影響しています。

5―2　医療従事者数と患者数

主な医療従事者数は、医師が約31万人、歯科医師が約10万人、薬剤師が約29万人、看護師が約114万人となっています。人口1000人当たりの医師数は2・4人程度で先進諸国の中では低い部類である一方、薬剤師は2・3人程度で先進諸国の中では最も高くなっています。

患者数は、入院が132万人、外来が724万人（厚労省2014年調査）。施設の種類別にみると入院については病院が127万人、一般診療所が5万人、外来については病院が164万人、一般診療所が423万人、歯科診療所が136万人となっています。

5―3　医療機関の収支状況（2016年度）

厚生労働省が実施した医療経済実態調査によれば、2016年度の一般病院（全体）の損益差額率はマイナス4・2%。経営主体別には、医療法人がプラス1・8%、国立病院はマイナス1・9%、公立病院はマイナス13・7%で何れも前年よりも悪化しています。また、精神病院はマイナス1・1%、一般診療所（全体）の損益差益率はプラス8・2%でした。歯科診療所の損益差額率はプラス15・5%、保険薬局（全体）はプラス7・8%で共に対前年で若干の悪化を示しています。保険薬局の中では、同一法人20店舗以上の大型チェーン薬局がプラス12・1%で最も高くなっています。

厚生労働省保険局によれば、給与費が2・1％増となったことが損益差額率悪化に影響したとみられています。なお、医療機関の費用に占める医療サービス従事者人件費は47％程度となっています。

5―4　病床機能報告制度と地域医療構想について

我が国の病床数は約125万床。病床機能は、急性期、亜急性期／回復期、慢性期に大きく区分されますが、診療報酬の入院基本料算定に当たっては、7対1、10対1、13対1、20対1、25対1に区分されるなど複雑な仕組みになっています。急性期（7対1、10対1病床）が圧倒的に多く約65・6％、亜急性期（13対1、15対1病床）が9・4％、慢性期（20対1、25対1病床）が25・0％の構成になっています。

高齢化の進行に伴い、回復期リハビリテーションや慢性期の患者数が増加する見通しであることから、政府としては急性期病床から回復期・慢性期病床への病床転換を進める方針です。このため「病床機能報告制度」を開始、各医療機関が担っている医療機能（病棟単位）を都道府県に報告する仕組みを構築しました。この報告では、現在担っている医療機能に加えて6年後の自ら選択した姿も報告することになっています。

一方、都道府県では「地域医療ビジョン」を策定します。これは、2025年の医療需要（入院・外来別、疾病別患者数等）の推計値を算出、二次医療圏毎の2025年医療機能別の必要量と、医療機能報告制度の報告事項を活用して目指すべき医療提供体制を描き、その実現のための施策を立案しようとするものです。

5―5　医療提供体制に関する見直しに関する法改正等

医療提供体制については、地域における医療と介護の連携を強めること、急性期中心の病床編成から高齢社会を踏まえたものに変えていくこと、また、医療事故や医療法人経営の透明性を高める方向が打ち出されています。最近の主な法改正は次の通りです。

（1）医療と介護の総合的な確保推進に関する法律（2014年）
・消費税増税分を活用した新たな基金を都道府県に設置し、医療と介護の連携を強化
・病床の機能強化（高度急性期、急性期、回復期、慢性期）等を報告し、都道府県はそれをもとに地域医療構想を医療計画において策定
・医療事故にかかる調査の仕組みを位置づけ　等

（2）医療法の一部を改正する法律（2015年）
・地域医療連携推進法人制度の創設
・医療法人制度の見直し――経営の透明性の確保及びガバナンスの強化　等

（3）医療法の一部を改正する法律（2017年）
・特定機能病院におけるガバナンスの強化　等

第二章

我が国の現行医療保険制度の課題

我が国の医療保険制度は１９２２年の健康保険法制定から始まりました。その後、幾多の制度改正が行われています。「皆保険」実現以降の主な制度改正は次の通りです。

１９５８年　国民健康保険法施行
１９６１年　国民皆保険が実現
　健康保険は本人自己負担なし、家族は５割自己負担
　国民健康保険は本人・家族ともに５割自己負担
１９６３年　老人福祉法施行
　国民健康保険の本人３割・家族５割自己負担
１９６８年　国保法改正
　国民健康保険の本人家族ともに５割自己負担
１９７２年　老人福祉法改正
　翌73年から70歳以上の高齢者の医療費を無償化
１９７３年　健保法改正
　高額療養費制度の創設、政管健保の国庫補助定率化
１９８２年　老人保健法制定
　70歳以上高齢者の医療費を税と保険者からの拠出で賄う仕組みを創設

１９８４年　老人医療費の一部を本人負担に（外来４００円／月、入院３００円／日）
　　　　　　健保法改正
　　　　　　退職者医療制度新設
１９９７年　介護保険法成立
　　　　　　介護保険スタートは２０００年
２００３年　健保法改正
　　　　　　70歳未満の自己負担を３割に引上げ
２００８年　高齢者医療制度創設
　　　　　　後期高齢者支援金、前期高齢者納付金等の現行制度開始
２０１４年　改正高確法施行
　　　　　　新たに70歳到達する者から順次自己負担２割に引上げ（74歳まで）

振り返ってみれば、これまで先人達は、医療費の動向を睨み、経済成長率、国民所得、国家財政、政治情勢等様々な要素を考慮しながら医療保険制度の改革を進めてきました。その主な狙いを端的に言えば、増え続ける医療費の負担を保険料と自己負担、そしてある時期からは税負担も含め、三者をどの様に組み合わせるかという工夫であると言えるでしょう。

三者のうち患者負担をあまりに重くすれば、保険制度としての納得性を薄めてしまうこと

から、最近では、保険料負担と税負担を巡る議論が活発になっています。公的保険制度とはいえ、保険制度である以上は保険料のみで全ての必要費用を賄うのが理想です。そもそも保険制度は、特定の限定されたグループの被保険者群が当該グループにとって必要な費用を拠出し合うことで成立しています。しかし、全てのグループ構成員が平等に同額の医療サービスを受ける訳ではないことから、医療サービスを受けた者が一定の追加負担（患者負担）を受容することは、ある意味、グループ構成員全体の納得性を高めるためにも必要とも考えられます。但し、どれ程の患者負担を課すかは、納得性の観点から判断が難しいところではあります。

一方、保険財源への公的資金の投入は単純な保険理論としては可否が分かれるところです。現行の制度で言えば、国民健康保険や全国健康保険協会は公費支援が行なわれているのに対し、健康保険組合は公費支援を受けていません。同じ公的保険の被保険者でありながら、税の分配の面で不平等という理屈も成り立つかもしれません（健康保険組合が公的資金の投入を主張している訳ではありませんが）。

加入構成員の所得水準・保険料の負担能力と発生する医療費のバランスを見れば、公費支援がなければ皆保険制度が成立し得ないことも、また事実であることは確かです。

最近の最大の医療保険制度改革は２００８年度から施行された高齢者医療制度のd創設で

す。保険料収入と医療費用とがバランスしない高齢者の医療費を、公費と保険料とで支援する仕組みに再構築した訳ですが、この新制度は新たな従来の老人保健制度の本質的な問題点を更に拡大するものとも言えるでしょう。即ち、保険料による所得再分配という問題です。自己が徴収した保険料の一部を他の保険者に拠出することは、保険料という手段を使った所得再分配であり、税の持つ機能と同一と考えられます。当然のことながら、新たな高齢者医療制度は、こうした保険の理念そのものに加え、拠出金の算定方法や拠出額など様々な問題を内包しています。高齢化の進展の中でそれらの諸問題が更に大きなものになっていくと懸念されます。

国民皆保険制度を維持する上での重要課題は、一つは上述の医療費負担問題、もう一つは、増高する医療費を如何に抑制するか、無駄な医療費を如何に削減にするかといった医療適正化問題であると考えられます。高齢化の進行が明確に予見できる中で、医療費の伸び率を適正に抑制しなければ、全ての費用負担者が負担できない状態に陥ることは自明の理であると言えるでしょう。社会環境の変化や人口構成の変化に合わせて医療提供体制の変革が議論されていますが、医療費の適正化・効率化の観点からの切込みも必要ではないでしょうか。

本章では、先ず、現行制度が抱える問題点や非合理的と思われる部分を整理するとともに、医療費の将来推計を見ながら今後想定される諸課題を明らかにしていきます。また、医療費適正化の観点から、医療提供体制や診療報酬改定等の問題点等も指摘しておきたいと思います。

1　高齢者医療制度の課題

現行の高齢者医療制度は２００８年に創設されましたが、これは１９８３年に施行された老人保健制度と１９８４年に施行された退職者医療制度を抜本的に見直したものです。

老人保健制度は70歳以上の者及び65歳以上の寝たきり老人を対象にした制度で、当初の財源は医療保険者からの拠出金７割と公費３割でした（その後、公費負担は5割に引上げられました）。拠出金の算出は加入者按分と医療費按分で構成されていました。加入者按分は、各保険者の老人加入率が全保険者平均であると仮定した場合に負担すべき老人医療費に応じた負担額として算出され、医療費按分は各保険者自身の老人医療費に応じた負担額でとしています（その後、加入率按分率は段階的に引き上げられ、１９９０年には加入者按分率が１００％となりました）。

一方、退職者医療制度は、国民健康保険の被保険者のうち厚生年金等の被保険者期間が20年以上である者または40歳以後の厚生年金等の被保険者期間が10年以上である者及びこれらの被扶養者を対象にした制度です。制度導入の狙いを簡略に言えば、退職に伴って国民健康保険に加入した者の多くが高齢者であり、国民健康保険の保険料納付額と医療給付額が見合わないため、こうした退職者等の費用を被用者保険からの拠出金によって負担是正する制度です。財源は退職被保険者等の保険料と被用者保険の保険者が財政力（総報酬）に応じて負担する国民健康保険への拠出金であり、国庫負担はありません。

創設された高齢者医療制度のうち、後期高齢者医療制度は上記老人保健制度を、また前期高齢者医療制度は上記退職者医療制度を引き継ぐものではありますが、その内容は大きく異なっていることに注意しなければなりません。

1―1　高齢者医療制度の仕組み

（1）後期高齢者医療制度

被用者保険及び国民健康保険から75歳以上の被保険者及び被扶養者を各都道府県が設置する後期高齢者医療広域連合に移動して集約、高齢者と現役世代の負担構造を明確にすると共に、社会全体で高齢者医療を負担する姿を示すことが狙いです。後期高齢者の医療給付費の5割を税金で、4割を各保険者からの支援金で賄う仕組みになっています。残り1割は後期高齢者自身の保険料を充てることとなります（図表2―1―1）。

2017年度予算ベースで、後期高齢者医療費総額は15・4兆円、患者負担1・3兆円を除く財源構成は、公費負担が7・3兆円（47％）、各保険者からの支援金が6・4兆円（42％）、後期高齢者自身の保険料が約1・7兆円（11％）となっています。税負担が当初想定の50％に比べ低くなっています。支援金内訳は、協会けんぽ2兆円、健保組合2・1兆円、共済組合0・7兆円、国保1・6兆円です（図表2―1―2）。

支援金の算定は、制度発足時は被用者保険・国保ともに加入者割（0歳から74歳までの全加入者数×定められた加入者一人当たり金額）でしたが、その後、被用者保険のみは段階的に総報酬割（各保険者の在籍被保険者の報酬総額×国が定める一定率）に切替えられ、現在はその100％が総報酬割となっています。

後期高齢者医療制度は旧来の老人保健制度を引き継ぐものです。被保険者の拠出金負担額は、算定方法が加入者割の期間は老人保健制度とほぼ同額（老人保健制度も加入者割）でしたが、総報酬割導入に伴い所得水準が相対的に高い健保組合や共済組合の拠出金負担が増加する結果となっています。

図表２－１－１　後期高齢者医療制度の負担構造

税　負　担	医療保険者支援	保険料	患者負担
５　割	４　割	１割	

図表２－１－２　後期高齢者医療費の財源構成（2017 年度予算ベース）

対象者 1,690 万人、医療費 16.8 兆円（保険給付費 15.4、患者負担 1.3 兆円）

税負担	支援金	保険料	患者
7.3 兆円	6.4 兆円	1.7 兆	1.3 兆
（47%）	（42%）	（11%）	

図表２－１－３　前期高齢者医療制度の財政調整（2017 年度予算ベース）

対象者 1,690 万人、前期高齢者保険給付費 7.3 兆円

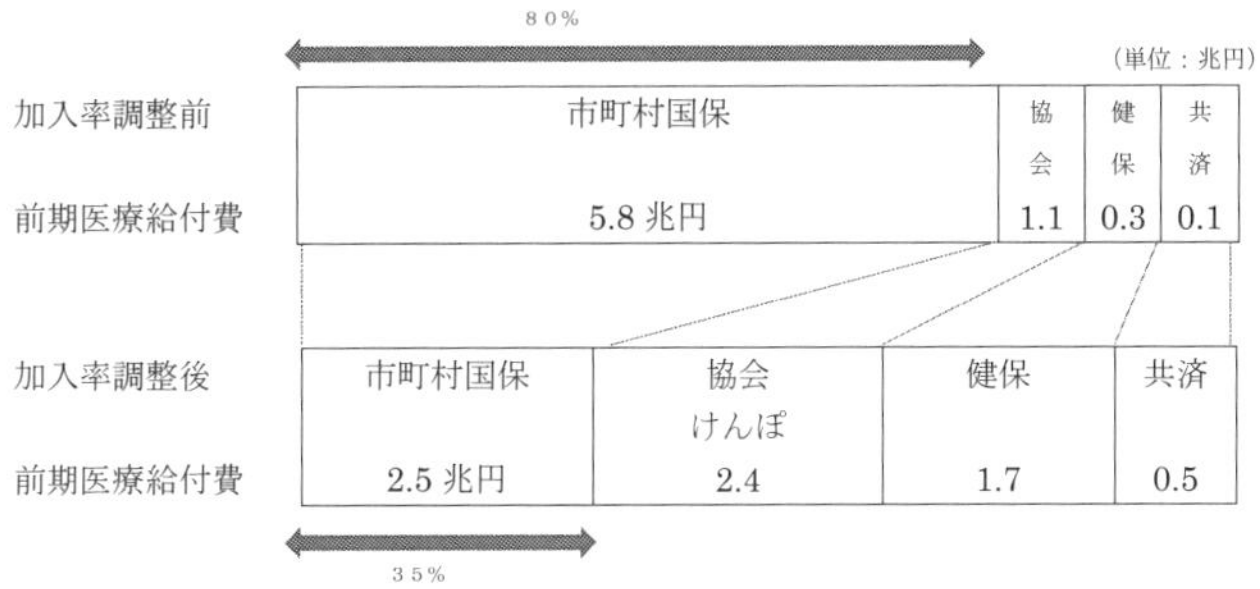

（２）前期高齢者医療制度

前期高齢者医療制度は、65歳～74歳の医療費負担を被用者保険と国民健康保険との間で調整しようとする財政調整の仕組みとなっています。

退職者医療制度の流れを受け継ぐものですが、対象者数が大きく異なっています。退職者医療制度の場合は、厚生年金加入期間を対象者の条件にする等、被用者保険からの退職者のみを対象とする制度でした。一方、前期高齢者医療制度では65歳～74歳の全ての国民を対象としています。

全国平均の前期高齢者加入率と個々の保険者の前期高齢者加入率とを比較し、後者が全国平均を下回る場合はその加入率の差を負担金とし

て納付し、逆に全国平均を上回る場合はその加入率の差分の交付を受ける仕組みとなっています。結果として、前期高齢者加入率が低い被用者保険が算定額を前期高齢者納付金として納付し、前期高齢者加入率が高い国民健康保険が当該額の前期高齢者交付金を受けることとなっているのです（図表2―1―3）。

2017年度の国民健康保険の前期高齢者交付金は約3兆5千億円、一方、協会けんぽの前期高齢者納付金は約1兆5千億円、健保組合は約1兆7千億円を計上しています。

各保険者の納付額（交付額）は、前期高齢者加入率の差に当該保険者の前期高齢者一人当たり保険給付費を乗じて算出します。当該保険者の保険給付費を使用することにより、医療費の低減努力を促すインセンティブとすることが狙いです。当該保険者に在籍する前期高齢者の保険給付費部分は納付金からは控除されます。

1―2　後期高齢者医療制度の問題点

後期高齢者医療制度が発足した当初は、高齢者差別の制度ではないかという、ある意味、誤解に基づく批判や、被用者保険の被扶養者が広域連合に加入するに当たっては被扶養者資格を喪失し、自身が被保険者となり新たに保険料負担が発生するといった、費用負担問題からの批判等が噴出しました。こうした社会的な批判が自公政権から民主党政権への政権交代

図表２－１－４　後期高齢者の税・保険者・後期高齢者保険料負担の伸び率

（単位：億円）

	2008 年	2016 年	伸び率
税負担(国＋地方)	48,682	71,870	147%
保険者支援	41,296	59,456	144%
後期高齢者保険料 (一人当り保険料)	8,213 (5,283 円)	11,300 (5,857 円)	137% (111%)

（出典：厚生労働省「後期高齢者医療事業状況報告」）

の大きな要因にもなったと言われています。政権交代後の民主党は、厚生労働省に高齢者医療制度改革会議を設置し、「年齢」をベースに設計された高齢者医療制度を見直すべく精力的に検討しましたが、結局、大幅な改定は不可能として見送り、微修正のみに止める結果となりました。制度創設から10年以上経過した現在では、制度そのものに対する批判は殆ど無く、国民の間に定着した制度であるという評価は出来るのではないかと思います。

しかしながら、発足当初約１３００万人であった75歳人口が、２０１６年には約１６５０万人に増加し、その間の後期高齢者医療費総額が約11兆４千億円から約15兆３千億円へと34％も増加したため、財源を拠出する国や地方の財政問題、保険者（現役世代）の負担増加問題等から多くの課題を内包していることも事実です。主な課題は次の４点であろうと考えます。なお、将来の人口構成の変化による課題については後述します。

（１）医療費の財源を担う税、保険者の支援、後期高齢者の保険料の三者の負担伸び率に差が生じています。特に、後期高齢者の一人あたり保険料の伸びが低くなっています。また、この間の医療費の伸び34％に比して、保険給付費を補填する税負担や保険者支援の伸び率が高くなっています。このことは患者の自己負担分の伸び率が相当低い（120％程度）ことを示していると言えます（図表2―1―4）。

（2）財源の50％は国庫と地方が負担するスキームのはずですが、実際の公費負担は47％程度にとどまっています。これは後期高齢者のうち現役並所得者約101万人を公費による負担の対象から外していることに因るもので、この取り扱いは保険者側の支援金負担を増やす結果となっています。特に健康保険組合からは、当該3％分、約4000億円を税で負担とすべきとの意見が出されています。

（3）後期高齢者支援金は制度発足時には加入者割のみで算定されることとなっていましたが、2010年からその3分の1の部分について総報酬割が導入されました。その後、総報酬割部分は段階的に比率を高められ、2017年には全面総報酬割に切り替わっています。総報酬割は所得水準によって支援額を算出するものなので公平な仕組みであると政府は説明していますが、実質は協会けんぽに対する国庫負担を保険料負担に付け替えたという見方が正しいと言わざるをえません。総報酬割に切替えれば、所得水準の高い健保組合と共済組合の支援金負担は増加し、逆に所得水準の低い協会けんぽの支援金負担は少なくなるのです（被用者保険全体の後期高齢者支援金総額はどちらの算定方法でも不変）。また、協会けんぽの支援金には健保・共済との所得差を埋める名目で16・4％の国庫補助金が交付されていますが、総報酬割になれば所得差が、直接、支援金額に反映されるため、国庫補助金は不要となります。即ち、総報酬割導入により健保組合・共済組合の支援金は増加（約3000億円）しますが、協会けんぽの実質的な支援金（国庫補助金を除いた金額）は変わらず、国は協会けんぽへの補助金を削減出来るという図式になっているのです。総報酬割は、後期高齢者支援金が持つ保険理論上の根本的な問題、即ち、保険料の租税化＝保険料による所得再分配の拡大措置とも言えるでしょう。

（4）広域連合の保険者が確立されていないことが問題です。広域連合は47都道府県に設置されていますが、基本的には都道府県は関与せず、被保険者の適用や保健事業は各市町村が担い、広域連合事務局は各市町村からの出向者中心で構成されています。要するに保険者機能を果たすべき「保険者」が明確化されない状態が続いているのです。そのため、高齢者にとって重要な健康増進や疾病予防事業の展開があまり進んでいないのが現状です。国民健康保険の都道府県単位化に合わせて、都道府県が保険者として運用主体となり、市町村や医療関係者とも連携を深めながら保健事業を推進していく図式とするべきだと考えます。

1―3　前期高齢者医療制度の問題点

２００８年の現行制度施行にあたり、前期高齢者医療制度は後期高齢者問題の陰に隠れて一般ではあまり注目を集めませんでした。それはこの制度によって他の保険者への移動が発生したり、患者負担割合に変化が生じたりといった国民への直接影響が少なかったことによります（実際には、被用者保険の拠出金負担が大幅に増加しましたが…）。前期高齢者医療制度は「制度」というよりは、保険者間の財政調整の仕組みを変更したものに過ぎません。当然のことながら、高齢化の進展に伴って前期高齢者納付額は増加を続けています。２００８年度に２兆３千億円だったものが２０１７年度には３兆５千億円と52％の増加となっています。

退職者医療制度からの切り替えに際しては様々な議論が繰り返されました。当時、日本労働組合総連合会（連合）や健康保険組合連合会は、いわゆる「突き抜け方式」採用を主張していました。これは、企業退職後も当該企業が所属する保険者（健保組合、協会けんぽ、共済組合）に継続加入する方式です。退職者医療制度では厚生年金加入期間などの要件を満たして国民健康保険に移った者を被用者保険全体で支える仕組みでしたが、突き抜け方式であれば自企業の退職者のみが対象であり支援責任が明確化されるとする論によるものです。実際、この

（3）前期高齢者納付金の算出式では、前期高齢者加入率と全国平均の加入率の差に自らの保険者組織の前期高齢者の一人当たり保険給付費を乗じることになっています。また、納付金額は当該年度の概算と2年前の精算によって算定されます。この様に前期高齢者の保険給付費や加入者数をベースにした算定方式のため、突発的な高額医療の発生や加入者数の変動により、納付金額が大幅に増減する場合がある制度になっています。特に前期高齢者加入者数が少ない保険者や加入率が低い保険者は変動幅が大きくなってしまうことになります。こうした算定方式が単年度ベースで予算を組み事業を展開する保険者の安定的な事業運営にマイナス効果を与えることとなっているのです。

政府も納付金額の大きな変動を避けるため、「一人当たり前期給付費が著しく高い保険者について、政令で定める基準を超える前期給付費の部分を調整対象から除外する（調整対象外給付費）」仕組みと「加入率が全国平均より著しく低い保険者の納付金額が過大とならないよう、加入率が政令で定める下限割合に満たない場合には当該下限割合とする（加入者調整率）」仕組みを政令で定めていますが、この調整対象外給付費や加入者調整率の適用による納付金の減額効果は限定的であり、また、調整対象外や加入率調整によって減額となった納付金は、他の保険者に再按分される仕組みになっています。この仕組みの適用を受けない保険者にとっては減額分が自健保組合に積み増されることになり不満を持っているのが現状です。

1―4　高齢者医療制度全体の問題点

これまで後期高齢者医療制度、前期高齢者医療制度個々の問題点を指摘してきましたが、制度全体を見た場合、社会保険の原則の一つである「公平性と納得性」が担保されているか否かの視点からの検証が必要です。そこで、次の二点について論議する必要があります。

（1）保険料算定の基礎となる所得について、公的年金控除の額が65歳以上と64歳未満で異なっていることが第一の問題です。後期高齢者の保険料収納率は99％に達しているにも拘らず、図表2―1―3が示すように一人当たり保険料額の伸びは11％にとどまっています。この要因の一つとして、公的年金控除額が大きいため算定基礎となる所得が低くなっていることが挙げられます。

また、75歳以上は患者負担1割、70～74歳は患者負担」2割であることから、負担と給付の差が大きくなりすぎていると言えます。現役世代（20～64歳）の一人当たり医療費は17・8万円です、負担（保険料＋患者負担）が29・8万円であるのに対し、75歳以上は医療費90・6万円、負担（保険料＋患者負担）が14・1万円で極端に軽くなっています。公的年金控除制度や高齢者の患者負担割合、保険料軽減措置等、高齢者の負担問題について幅広く議論していくべきだと考えます。

（2）被用者保険の高齢者医療制度に対する拠出金負担割合が高すぎることが第二の問題です。2017年度の経常支出総額に占める拠出金の割合は、健保組合が43・7％、協会けんぽが36・7％となっています（共済組合は不明）。2008年度から2017年度の10年間の推移を見ると、健保組合の被保険者一人当り負担額は、法定給付費が約16％伸びているのに対し、拠出金は約30％も伸びています。また、健保組合では、義務的経費（保険給付費＋拠出金）に占める拠出金負担率が50％以上に達する組合が490組合（全組合の35・2％）に達すると発表されており、自健保組合が徴収した保険料の半分以上を拠出金として供出することは、保険原理からすれば異常事態と言わざるを得ません。「拠出金増加のために保険料率を引き上げざるを得ない」という説明は、事業主や加入者の納得性を得ることが難しくなってきています。

2．医療費の将来推計から見える問題点

政府をはじめ様々な医療保険・医療に関係する団体等が医療費の将来推計を発表していますが、ここでは、政府と健康保険組合連合会の将来推計を紹介し、少子高齢化や医療の進歩の中で、今後どのような問題が発生するかを見ておきましょう。

先ず将来推計人口を年代層別に簡単に示しておきます。65歳以上の高齢者は2018年の

3561万人から2025年には3677万人に、2040年には3921万人に増加します。

特に、75歳以上の後期高齢者は、2018年の1800万人から2025年には2180万人と、僅か7年で21％も増加するのです。これは団塊世代がすべて後期高齢者入りするためです（2025年問題、図表2―2―1）。

2―1 政府の推計

政府は、2018年5月に内閣官房、内閣府、財務省、厚生労働省の連名で『2040年を見据えた社会保障の将来見通し』を発表しました。これは、「人口減少・高齢化が進展する中での持続可能な経済財政の構築に向けて、2040年頃を見据え、社会保障給付や負担の姿を幅広く共有するための議論の素材を提供するもの」とされ、各種計画値（地域医療構想、医療費適正化計画、介護計画）を基礎とした計画ベースと現状の年齢別受療率・利用率を基に機械的に計算した現状投影値の2つの見通しを作成」したものです。

将来見通しの結果に関するポイントは次の通りです。

（1）社会保障給付費の対GDP比は、2018年度の21・5％（名目額121・3兆円）から2025年度に21・7～21・8％（同140・2～140・6兆円）、2040年度には

図表２－２－１　将来推計人口

（単位：万人）

	2018 年	2025 年	2040 年
総人口	12,618	12,254	11,092
0～14 歳	1,541(12.2%)	1,407(11.5%)	1,193(10.7%)
15～64 歳	7,516(59.6%)	7,170(58.5%)	5,978(53.9%)
65～74 歳	1,761(13.9%)	1,497(12.2%)	1,682(15.1%)
75 歳～	1,800(14.3%)	2,180(17.8%)	2,239(20.2%)
就業者数	6,580	6,353	5,654

（出典：国立社会保障・人口問題研究所「2017 年推計」）

23・8～24・0％（同188・2兆円から190・0兆円）となることが見込まれます。

（2）「計画ベース」では、医療では病床機能の分化・連携が進むとともに、後発医薬品の普及など適正化の取り組みによって、入院患者数の減少や、医療費の適正化が行われ（2040年度で▲1・6兆円）、介護では、地域のニーズに応じたサービス基盤の充実が行われることで（2040年度で＋1・2兆円）、疾病や状態像に応じてその人にとって適切な医療・介護が受けられる社会の実現を目指すものとなっています。

（3）社会保障負担の対GDP費は、2018年度の20・8％（名目額117・2兆円）から、2025年度に21・5～21・6％（同139・0～139・4兆円）となり、2040年度には23・5～23・7％（185・6～187・3兆円）と上昇することが見込まれます。その内訳をみると、保険料負担は2018

年度の12・4％（同70・2兆円）から、2025年度に12・6％（同81・2～81・4兆円）となり、2040年度には13・4～13・5％（同106・1～107・0兆円）へと上昇し、公費負担は2018年度の8・3％（同46・9兆円）から、2025年度に9・0％（同57・8～58・0兆円）となり、2040年度には10・1～10・2％（同79・5～80・3兆円）に上昇することが見込まれます。

（4）医療福祉分野の就業者数は、2018年度の823万人（就業者数全体に占める割合12・5％）から、2025年度に931～933万人（同14・7％）、2040年度には1065～1068万人（同18・8～18・9％）と大きく増加することが見込まれます。

（5）経済成長実現ケースでも、社会保障給付費や社会保障負担の対GDP比は概ね同様の傾向で上昇しますが、2040年度で経済ベースラインケースと比べて1ポイント程度低い水準となります（図表2―2―2、図表2―2―3、図表2―2―4）。

この推計の中で「医療」部分のみを見てみると、医療給付費は2018年度の39・2兆円から2025年度には48・7兆円（24・2％増）、2040年度には68・3兆円（74・2％増）と推計されています。この数値は足下の利用状況を基に機械的に試算したもので、利用

図表２－２－２　社会保障給付費の見通し（経済：ベースラインケース）

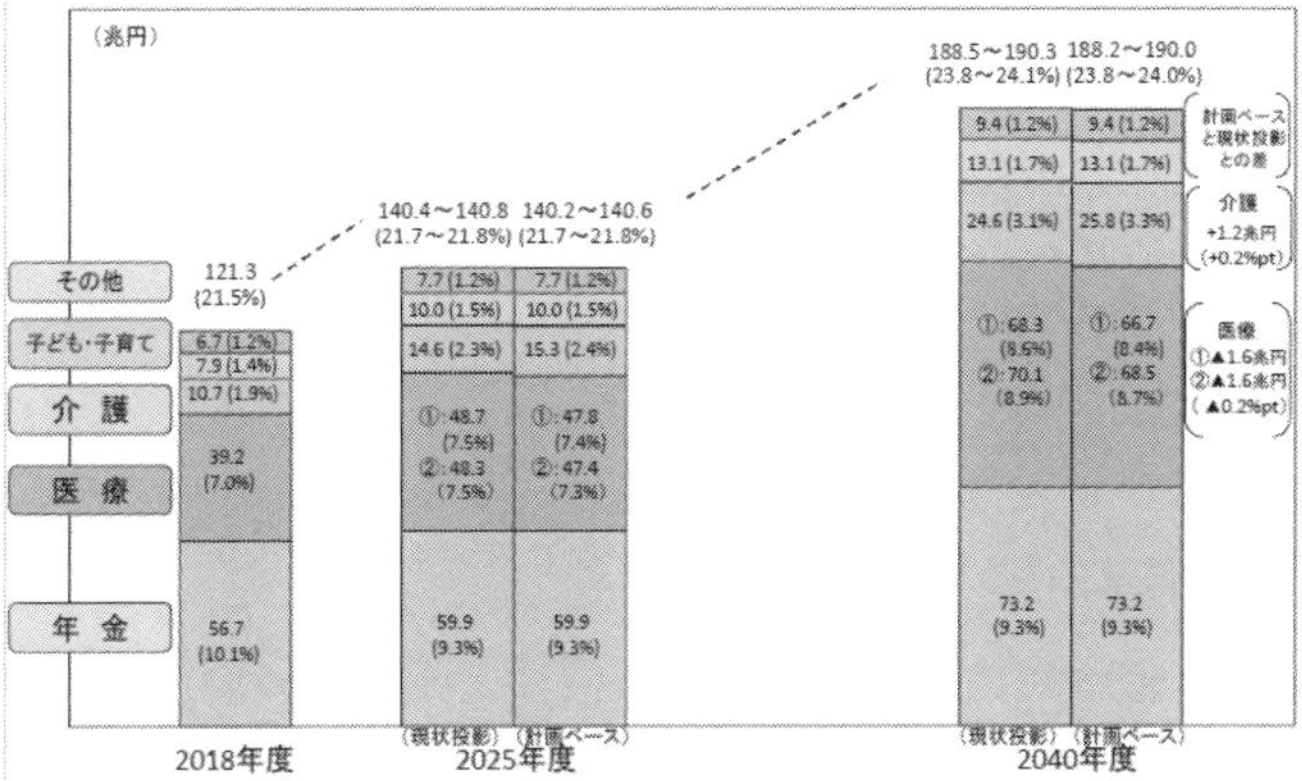

図表２－２－３　社会保障負担の見通し（経済：ベースラインケース）

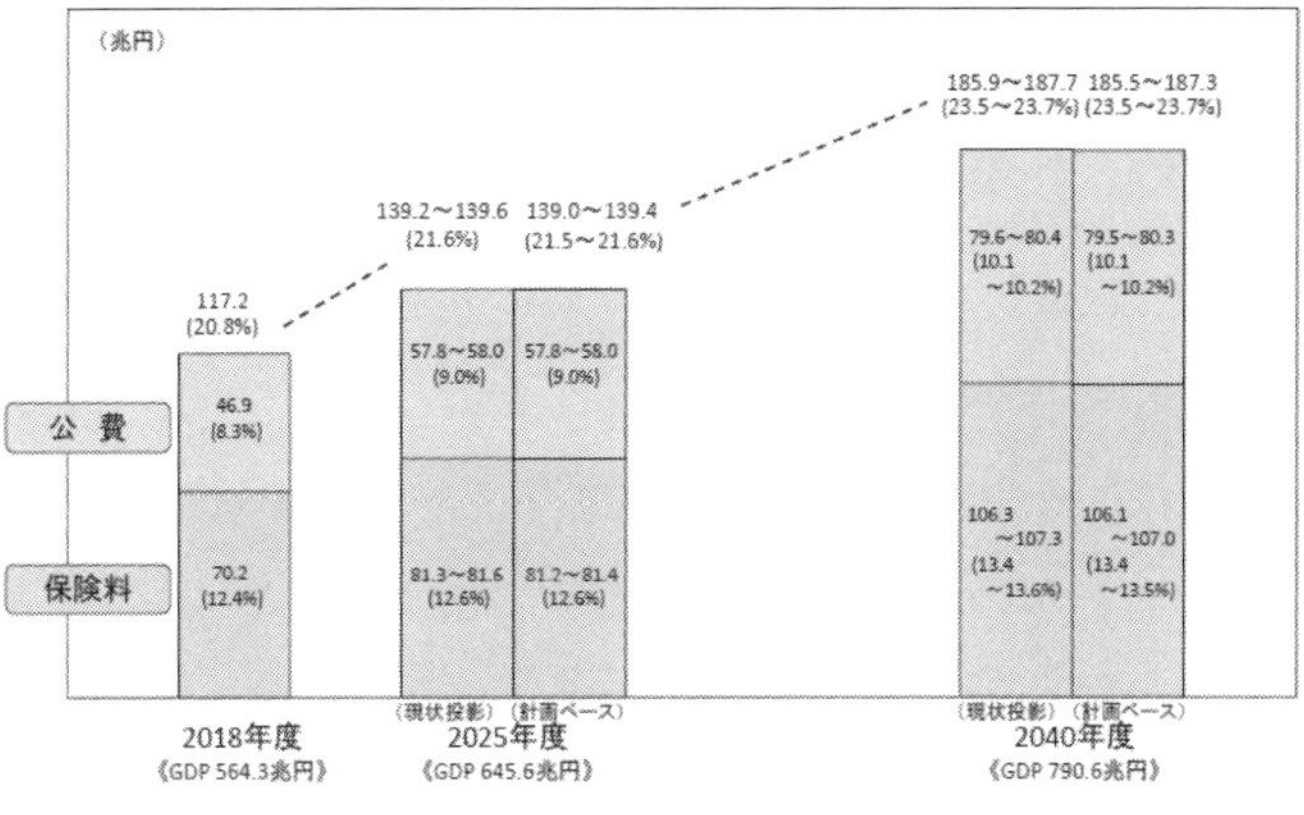

図表２－２－４　医療介護の一人当たり保険料・保険料率の見通し

【経済:成長実現ケース】

	現状投影			計画ベース		
	2018年度	2025年度	2040年度	2018年度	2025年度	2040年度
医療保険						
協会けんぽ	10.0%	①10.2% ②10.5%	①11.0% ②11.8%	10.0%	①10.0% ②10.3%	①10.8% ②11.5%
健保組合	9.2%	① 9.4% ② 9.7%	①10.4% ②11.1%	9.2%	① 9.2% ② 9.5%	①10.1% ②10.9%
市町村国保 （2018年度賃金換算）	7,400円	①7,800円 ②8,000円	①7,800円 ②8,400円	7,400円	①7,600円 ②7,900円	①7,700円 ②8,200円
後期高齢者 （2018年度賃金換算）	5,800円	①6,100円 ②6,300円	①7,600円 ②8,200円	5,800円	①6,000円 ②6,200円	①7,400円 ②8,000円
介護保険						
1号保険料 （2018年度賃金換算）	約5,900円	約6,800円	約8,600円	約5,900円	約7,100円	約9,000円
2号保険料 協会けんぽ・健保組合	協会けんぽ1.57% 健保組合1.52%	1.9%	2.5%	協会けんぽ1.57% 健保組合1.52%	2.0%	2.6%
2号保険料 市町村国保 （2018年度賃金換算）	約2,800円	約3,300円	約4,200円	約2,800円	約3,500円	約4,400円

者数は入院・外来合わせて２０１８年度が９１５万人、２０２５年度９３４万人、２０４０年度９０３万人としています。２０２５年度の被用者保険の保険料率をみると、協会けんぽが10・０％から10・８％に、健保組合が９・２％から10・０％に上昇する推計です。被保険者数や標準報酬額を現状と同一とすれば、０・８％の料率引き上げによる保険料収入増額分は共に約「７０００億円と試算されます。

２―２　健康保険組合連合会の国民医療費推計

健康保険組合連合会（以下、健保連）は、２０１７年９月に「２０２５年度に向けた医療・医療保険制度改革について」を発表しましたが、その中で２０２５年迄の国民医療費を推計しています。その一部を抜粋すると次の通りです。

（１）国民医療費は２０１５年度の42・３兆円から

図表２－２－５　国民医療費の推計

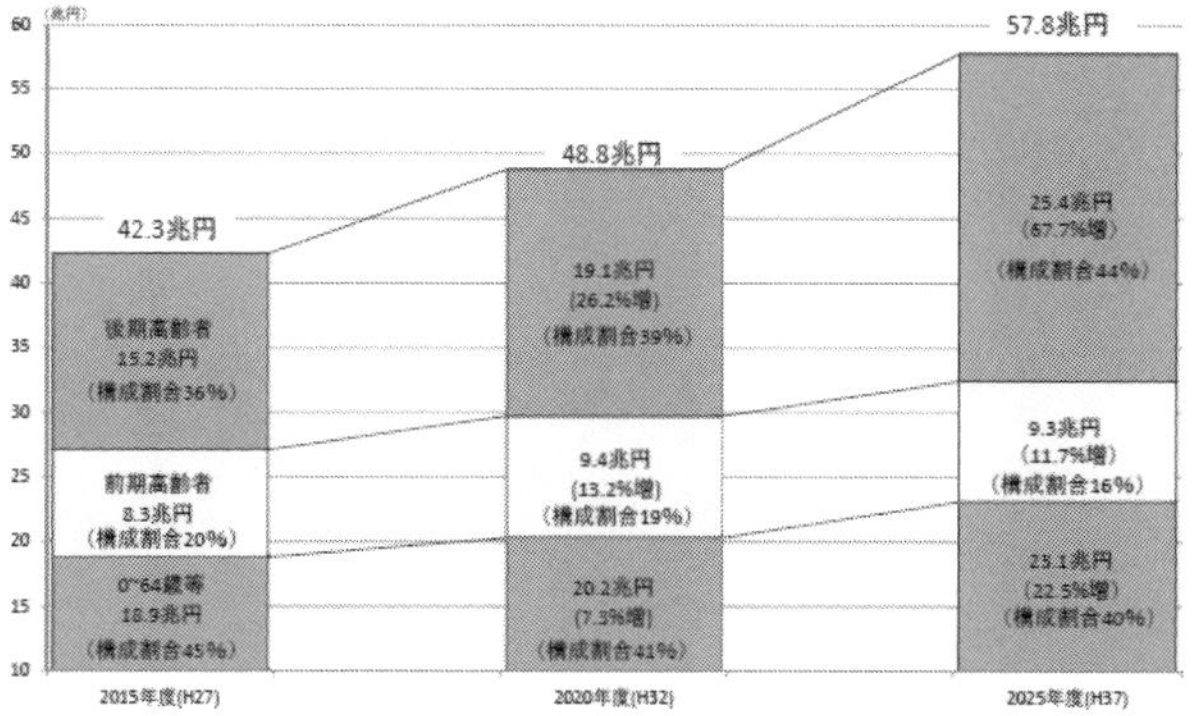

(　)内は2015年度からの伸び率　(健保連推計による)

２０２５年度には１・４倍の57・８兆円に増加します。このうち、65歳以上の高齢者の医療費は、23・５兆円から34・７兆円に１・５倍に増加するとされています。医療費全体に占める割合も55％から60％に高まります。特に後期高齢者医療費は15・２兆円から25・４兆円に、１・７倍の急増が見込まれます（図表２―２―５）。

（２）

１人当たり医療費は、前期高齢者は２０１５年度の51万円から２０２５年度には32・７％増の67万円、後期高齢者は、95万円から２０２５年度には26・５％増の１２０万円に増える見通しです。前期高齢者の１人当たり医療費は０～64歳の３倍程度、後期高齢者は５倍超となっています（図表２―２―６）。

図表２－２－６　一人当たり医療費の推計

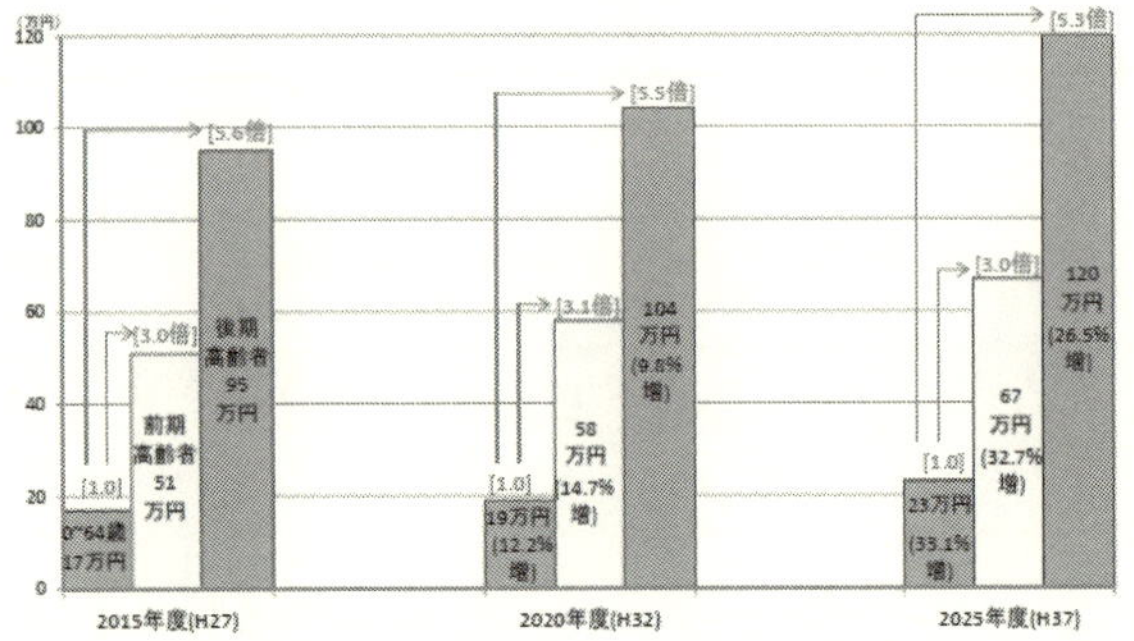

[　]内は0～64歳を1.0とした時の倍率
(　)内は2015年度からの伸び率　（健保連推計による）

（3）２０１５年度から２０２５年度にかけて、国民医療費のうち、医療保険医療費は39・５兆円から53・８兆円に増加します。公費負担は約６兆円（46％）の増加です。後期高齢者医療費の増加による影響が大きく、必要な財源を確保する必要があります。一方、保険料負担は、７兆円（33・６％）増となり、個人消費や企業活動など経済への影響が懸念されます（図表２―２―７）。

（4）健康保険組合では、２０２５年度には、高齢者医療のための拠出金の額が法定給付費を上回る見込みとなっています。２０１５年度から２０２５年度にかけて、法定給付費は16・５％増、拠出金は38・６％増が見込まれているからです。このため、２０２５年度には、拠出金負担が自健康保険加入者の法定給付費

図表２－２－７　医療保険医療費の財源別内訳

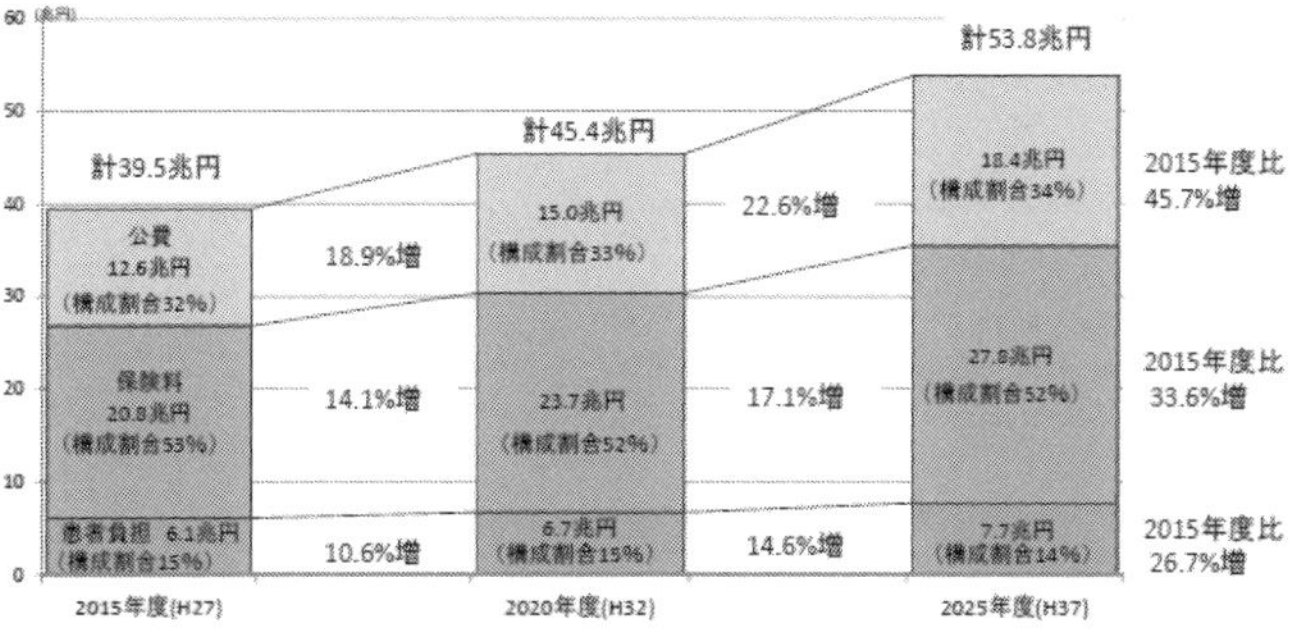

(健保連推計による)

図表２－２－８　健保組合の法定給付費と拠出金の推計

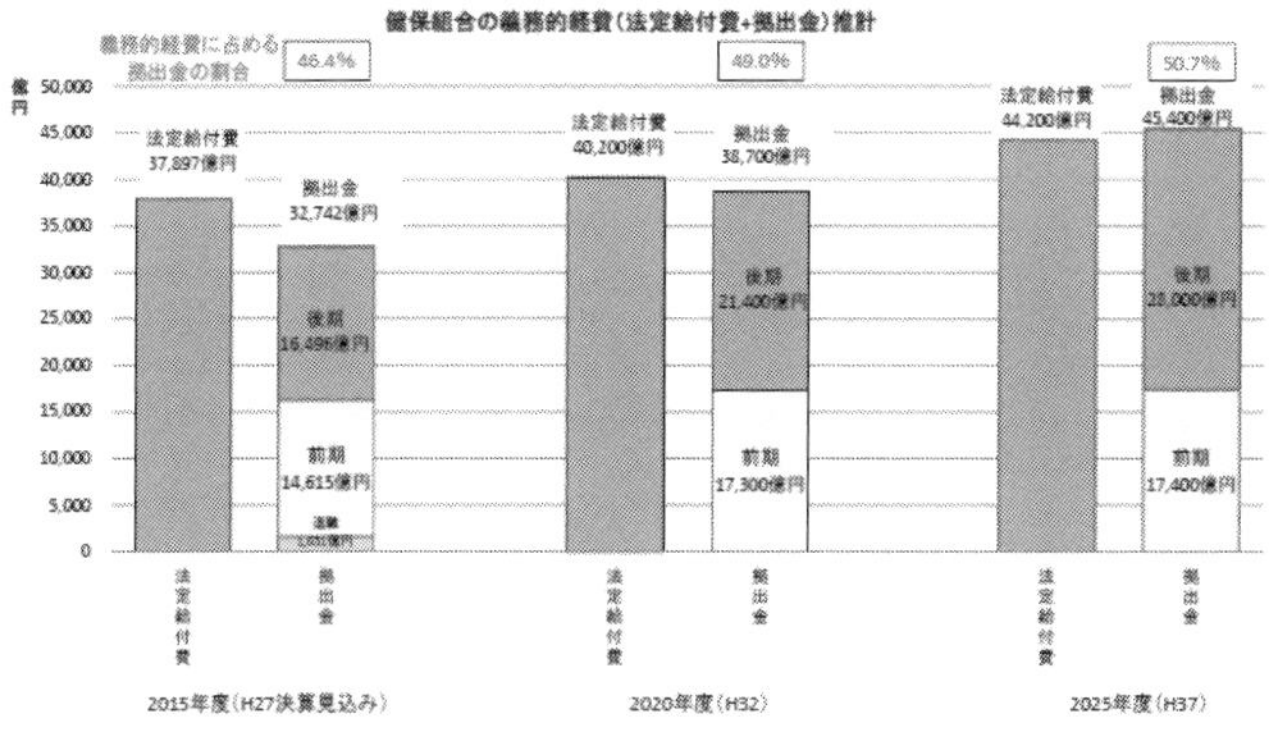

(健保連推計による)

を上回る健康保険組合が870組合にも上り、全組合の62％を占めることが想定されています（図表2―2―8）。

（5）2025年度には、健康保険組合の経常収支均衡保険料率（平均）は11・8％にまで上昇することが見込まれます。協会けんぽの収支均衡保険料率以上の健保組合は380組合が想定され、これらがすべて解散した場合の国の財政負担は1800億円になることが見込まれます（図表2―2―9）。

（6）健保組合の被保険者1人当たり年間保険料は、2005年度から2015年度までの10年間で10・7万円（29％）増加しました。さらに、2015年度から2025年度までの10年間では、47・6万円から65・7万円に約18万円（38％）も増加することが見込まれます。このうち、法定給付費分は6・7万円の増加、拠出金分は10・8万円の増加となっています（図表2―2―10）。

2―3　二つの推計から見える課題

政府の推計（現状投影）でみると、2018年度から2025年度の伸び率は、年金が5・6％、医療が24・2％、介護が36・4％の伸びとなっています。対GDP比も年金が下がり、

図表２－２－９　健保組合の保険料率等の推計

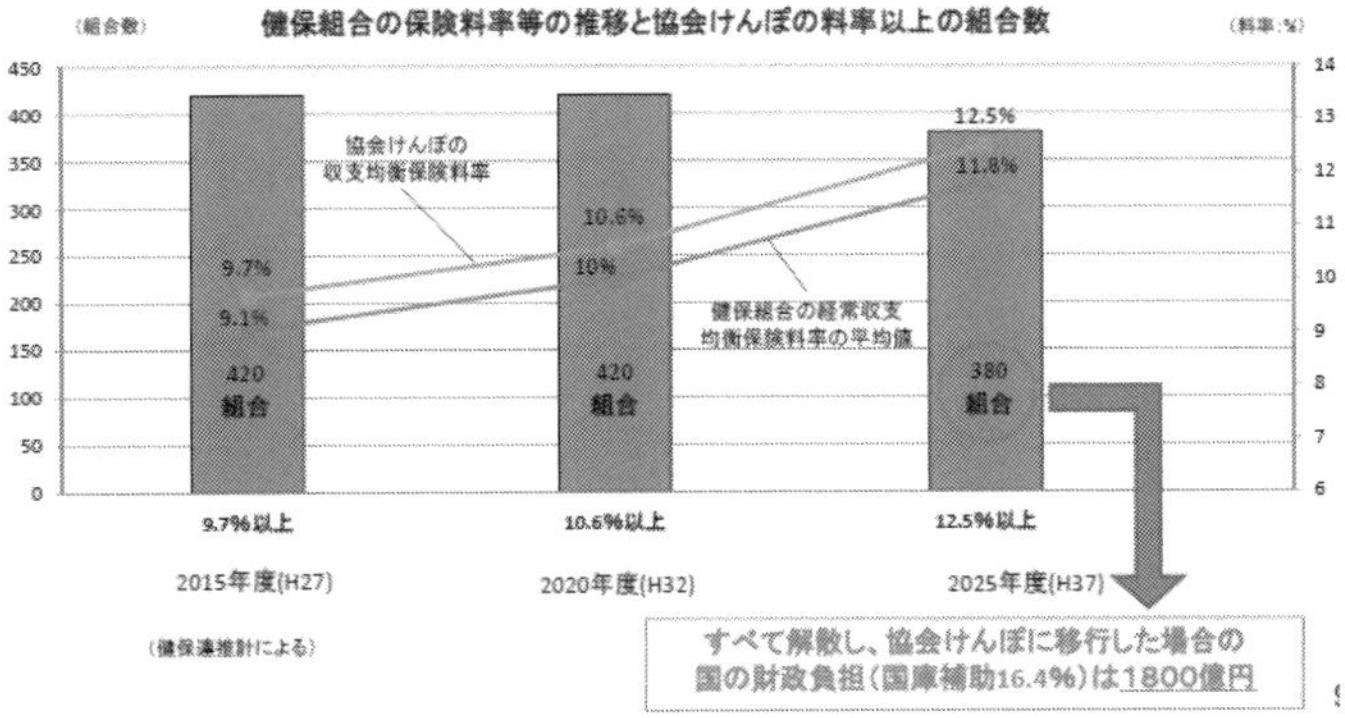

（健保連推計による）

図表２－２－10　健保組合の被保険者一人当たり保険料

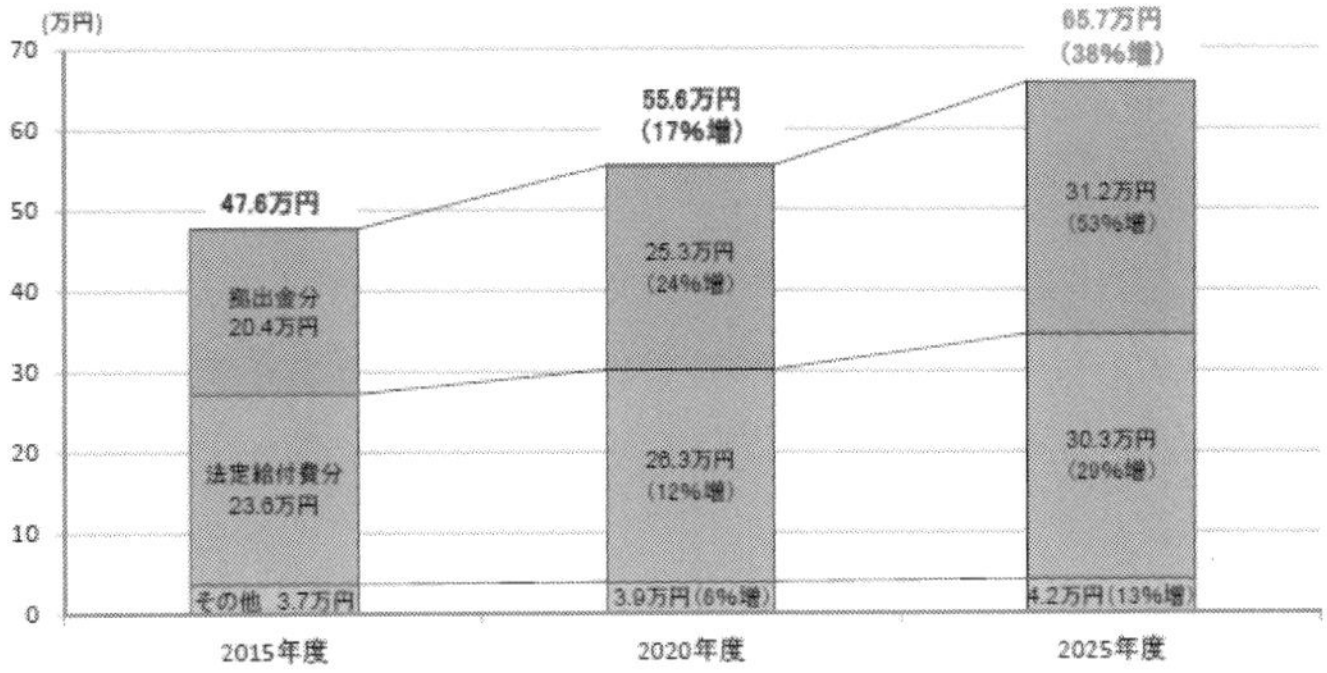

(　)内は2015年度からの伸び率　　（健保連推計による）

医療・介護の比率が上昇しています。今後は医療と介護の伸びをどの様に負担していくか、合わせて如何に医療費の伸びを抑えるかが重要課題となることは今や常識であるといっても過言ではありません。果たしてその余力はあるのでしょうか？

ＯＥＣＤのHealth Statistics 2016によれば、２０１４年度の日本の医療・介護を含む保健医療支出は対ＧＤＰ比11・4％であり、ＯＥＣＤ諸国中、米国、スイスに次ぐ第3位です。欧州諸国と比べても高いグループに位置していると言えます。日本の医療・介護の保険給付費はすでに十分高く、これ以上の負担余力は小さいと思われます。

一方、健康保険組合連合会の推計によれば、高齢者医療制度への拠出金が38・6％も急増し、保険料引き上げにより、被保険者の保険料負担が２０１５年度47・6万円から２０２５年度には65・7万円に38％も増加するとされています。健保組合の3分の2が加入者に使う費用よりも外に拠出する金額の方が大きいという状態では、保険者としての存続すら懸念されのではないでしょうか。

何度も述べたとおり、費用負担は税財源、保険料、患者負担しかあり得ない訳なので、三者全てに亘る思い切った改革を断行するべきでしょうし、更に踏み込んだ医療費の適正化施策を計画的に進める時期ではないかと考えます。

3　医療費適正化の視点から見た課題

図表２－３－１　病床機能の転換計画

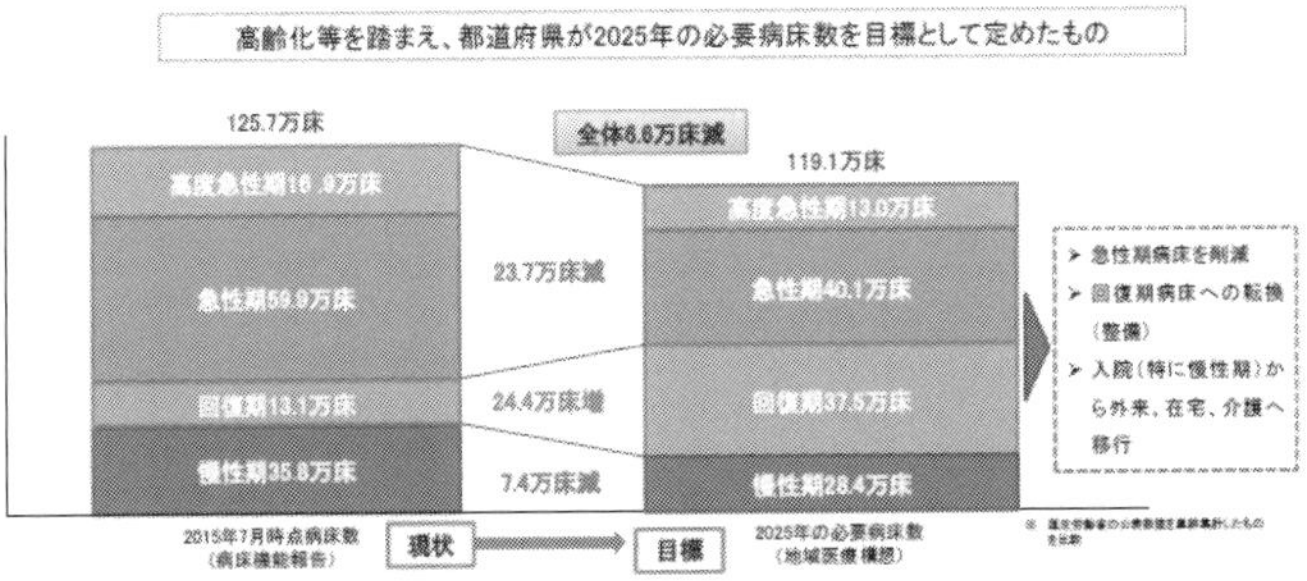

３－１　病床転換

地域医療構想で都道府県が２０２５年の必要病床数を目標として定めたものを見ると、病床全体で6・6万床を削減、高度急性期と急性期病床は23・7万床を削減し、回復期病床を24・4万床増やす計画となっています。

急性期中心の病床構成から、回復期病床への機能転換を促すため、病床機能報告制度（第2章5―4）により病院側の自発的な病床転換を促すとともに、中央社会保険医療協議会における入院基本料の算定要件見直しなどによる政策誘導も行なっていますが、大きな成果を挙げているとは言い難い状況です。

一般病棟入院基本料1日当たりの診療報酬点数は、7対1が１５９１点、10対1が１３３２点、13：1が１１２１点、15対1が９６０点となっていますから、入院患者数が年間１３０万人を超えていることを考えれば、病床数が特に多く、診療報酬点数が最も高い7対1病床の削減は医療費適正化効果が大きいと言えます。

一方、病院側は経営に与える影響を憂慮しており、急激な病床機能の転換には踏み切れない状況です。変更病床機能報告制度の6年後の姿も現状から大きく変わるものになっていません。都道府県が策定する「医療計画」の中で大きな課題となっています（図表2―3―1）。

3―2　地域包括ケアシステム構築の課題

厚生労働省では、2025年を目途に、それぞれの地域で地域の実情に合った医療・看護、介護・リハビリテーション、保健・予防・住まい・住まい方、生活支援・福祉サービスの5要素が一体的に確保される体制を構築していくことの必要性を強調し、地域の包括的な支援・サービス提供体制の構築を推進しています。高齢者が住み慣れた地域で、尊厳を保持しながら、自分らしい暮らしを人生の最期まで続けられるよう、市町村が主体となり、地域住民・介護事業者・医療機関・町内会・自治体・ボランティア等が一体となって地域の特性に応じた体制作りが進められています。

こうした地域包括ケアシステムの構築に当たっては三つの課題があります。第一に、介護サービスの人材不足と地方における医師不足等の理由から医療と介護の連携があまり進んでいないこと、第二に、在宅医療サービス（在宅医療、在宅歯科、在宅薬剤師、訪問看護ステーション）への取り組みが遅れていること、第三に、自宅における看取り率が低いことが挙げられます。

地域包括ケアシステム推進を担う地域包括支援センターは全国に約7000か所設置され

ていますが、活用度合が市町村により差があります。また、介護施設入所者は、特別養護老人ホーム（特養）が約56万6千人、介護老人保健施設（老健）が35万7千人、有料老人ホームが42万2千人、サービス付き高齢者住宅が19万人（いずれも2015年）ですが、地域差が大きく、特に特別養護老人ホーム施設が不足気味であることから、地域包括ケアシステム計画の策定・実行の障害になっています。

在宅医療サービスについては、在宅療養支援診療所の届出数は15000程度、病院が1100程度、歯科診療所が6500程度（何れも2015年）です。また、全国の訪問看護ステーションは8600か所程度で、看護師は常勤換算で約30000人となっています。診療報酬の加算措置等により、年々増加しているものの、医療、介護、調剤等のチーム医療・連携の面ではあまり進捗が見られない現状です。

「看取り」は大きな問題です。「治療見込みがない病気になった場合、どこで最期を迎えたいか」の国民調査では、55%が「自宅」と回答しており、医療機関を希望する者は30%弱です。しかしながら、2015年の厚労省調査によれば、実際に自宅で死亡した者は13%に過ぎず、医療機関が77%、介護施設が9%となっています。今後、死亡者数は増加することは確実であり、病院での看取り率がこのまま推移すれば、ベッド数が不足し、医療費負担が増加する懸念が高いのです。国民（本人のみならず家族）の意識をどの様に変えていくかが大きな課題と思われます。

3—3　医療費の地域差

医療費は概ね「西高東低」と言われています。２０１６年度の都道府県別一人当たり医療費（国保分、年齢調整後）を見ると、全国平均34万6千円に対し、最も高い佐賀県が41万7千円、最も低い茨城県が31万1千円であり、その格差は1・34倍になっています。医療費の高い県は順に佐賀県、鹿児島県、長崎県、山口県、大分県であり、低い県は順に茨城県、愛知県、千葉県、栃木県、埼玉県となっています。概して病床数が多く、医師数が多い県の医療費が高いと言われています。

政府はこの地域間格差の半減を目指しており、都道府県が作成する医療計画や地域医療構想の中で具体的施策の立案を求めていますが、医療機関の経営に影響を与えることは必至で紆余曲折が予想されています（図表2—3—2）。

3—4　診療報酬改定

診療報酬は、日本の医療費や医療保険財政に大きな影響を与えます。改定率は政府が予算策定編成の中で決定し、その財源配分については中央社会保障医療協議会（中医協）で審議されて厚生労働大臣に諮問されます。財源配分によって医療サービスの質や量、医療機関の経営や医療提供体制構築にも影響を与えます。過去の改定率は下表の通りです（図表2—3—3）。

図表２－３－２　医療費の地域間格差

＜対全国比（１人当たり実績医療費）＞

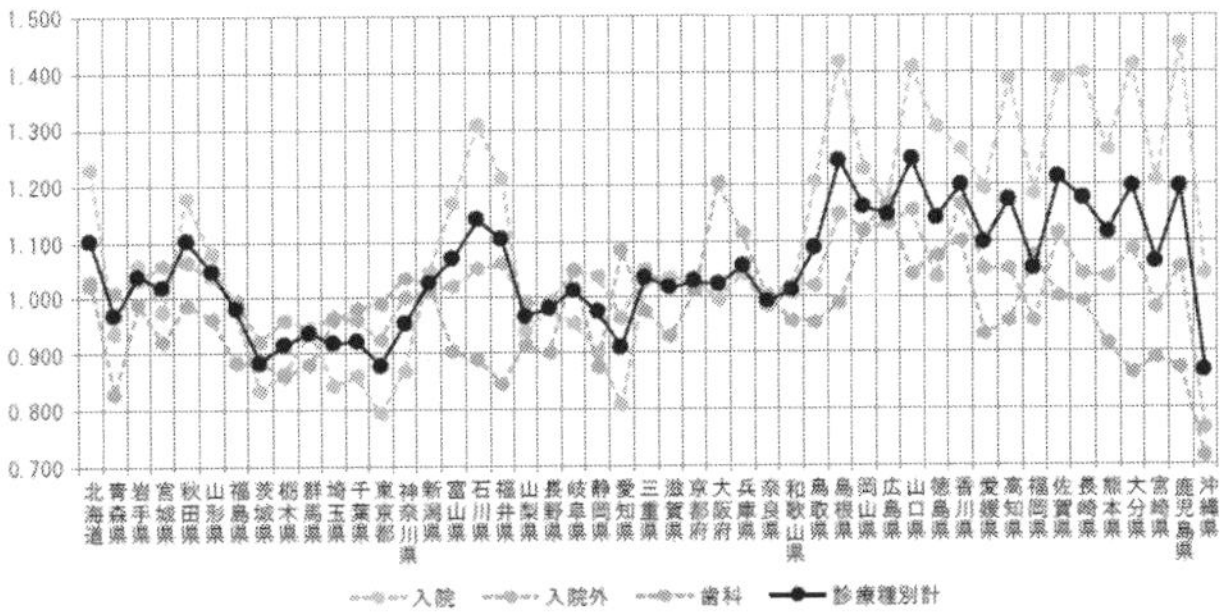

（厚生労働省：2016 年度 医療費の地域差分析）

図表２－３－３　診療報酬改定率推移

年度	診療報酬本体	薬価等の切下げ	改定率（全体）
1998	1.5%	▲2.8%	▲1.3%
2000	1.9%	▲1.7%	0.2%
2002	▲1.3%	▲1.4%	▲2.7%
2004	0	▲1.0%	▲1.0%
2006	▲1.36%	▲1.8%	▲3.16%
2008	0.38%	▲1.2%	▲0.28%
2010	1.55%	▲1.36%	0.19%
2012	1 .379%	▲1.375%	0.004%
2014	0.73%	▲0.63%	0.1%
2016	0.49%	▲1.33%	▲0.84%
2018	0.55%	▲1.74%	▲1.19%

（出典：厚労省資料を基に作成）

診療報酬本体改定率は6期連続のプラス改定となっています。予算編成過程で改定率が決定されるため、国庫負担分のみが注目されますが、医療費全体では国庫負担金の約4倍の額になることに注意しなければなりません。医療機関の費用に占める医療サービス従事者人件費は47％程度であることを考えれば、プラス改定分の半分近くは医療従事者の賃上げに回ることになります。また、薬価等の切下げ分と本体改定分とを差し引いて考えるべきとする意見もありますが、薬価等の切下げは単に公定価格を実態（取引）価格に合わせる措置であり、医薬分業が進んでいる現在では、医療機関への影響は少ないのです。診療報酬本体とは本来何の関係もない切下げと見做すべきであるでしょう。

中医協における診療報酬の財源配分を通した政策誘導は、一定の効果を挙げていると評価されるが、医療機関経営の連続性への配慮等もあり、一挙に急激な変革を行なうことには医療側の抵抗が強いのが現状です。

ここ数年、数々の高額な医療技術や薬剤が開発され、保険の適用対象に入ってきていますが、今後もこうした医療の高度化の進展は続いていくと思われます。医療保険財政に与える影響も考慮しながら、保険適用の可否を問うことになるかもしれません。もともと我が国の保険給付は国際的にみてもその適用範囲がかなり広いと言われています。iPS細胞をはじめとする先進医療の保険適用を議論するに当たっては、保険の適用範囲や患者負担割合も含めた見直しを検討すべきと思われます。

また、診療報酬体系があまりに複雑に過ぎることも問題です。診療報酬として医療等の技術サービスが約5000項目、薬剤等が17000項目上梓されていますが、一般国民にとっては非常に難解で理解出来ない仕組みになっています。例えば、入院基本料は医療・看護の密度の差に加え各種加算が付加されるため病院毎に点数が大きく異なります（恐らく全部で100種類の入院基本料が存在するのでは？）が、一般国民がこの複雑な点数差を十分理解し、認識した上で入院先を選択することは殆ど無いと思われます。現行体系は医療サービスを提供する側の立場で作られていますが、国民の立場から分かり易い体系に近づけていく必要があるのではないでしょうか。

3―5　調剤医療費と医薬分業にかかわる問題

調剤医療費の推移をみると、2006年度3・4兆円から2015年度には6・0兆円へと1・76倍になっています。この間の国民医療費の伸びが1・28倍であったことをみれば、調剤医療費の伸び方は際立っています。調剤医療費増加の要因としては、医薬分業の進展と処方箋枚数の増加、薬剤そのものの高価格化、調剤技術料の引上げ、後発医薬品使用促進のためのインセンティブ付与等が挙げられます。

医薬分業は、1）薬価差による利益確保を望む医療機関が過度に薬剤を与えること（いわゆる「薬漬け」）をなくすこと、2）薬剤の専門家である薬剤師による服用指導や重複調剤を失くす等の薬剤管理を充実させること、３）医療機関の薬剤在庫リスクの軽減を図ること、４）患者の薬待ち時間を短縮すること、などを狙いとして進められてきました。現在、医薬分業率は70％近くに達しています。この10年間で処方箋枚数は約１億５千万枚増えて、現在８億２千万枚を超え、調剤薬局は約６千店舗増えて約５万９千店舗を数えています。

医薬分業は、公定価格と取引価格の薬価差縮小、在庫リスク低減、待ち時間短縮という点においてはある程度成功していると言えるでしょう。しかしながら、薬剤管理機能の充実に関しては疑問ですし、何より医療費の押し上げ要因になっていることが問題です。院外処方は医療機関で処方箋料を支払い、調剤薬局で調剤技術料を支払うため、院内処方に比べて約２倍の費用がかかるという試算も示されています（除く薬剤料）。

患者の視点に立てば、負担は増えたが、それに見合ったサービスを調剤薬局から受けられたかが問題ですが、医療機関との調整、飲み合わせのチェックや服薬指導等、本来調剤薬局が果たすべき機能を十分果たしているようには見えません。処方箋の枚数をこなせば利益が上がるという構図に疑問を持つ声も多くあがっています。中医協においても、特に門前薬局に関する問題意識が強く、調剤技術料の引き下げや、かかりつけ薬剤師制度の導入といった対策を講じていますが、効果は限定的な状況です。

薬剤に係るもう一つの問題は、高齢者に対する多剤投与です。医薬品の処方について、10剤以上服用する者の割合は前期高齢者で約12％、後期高齢者で約27％となっています。また、

図表２－３－４　多剤投与と残薬の実態

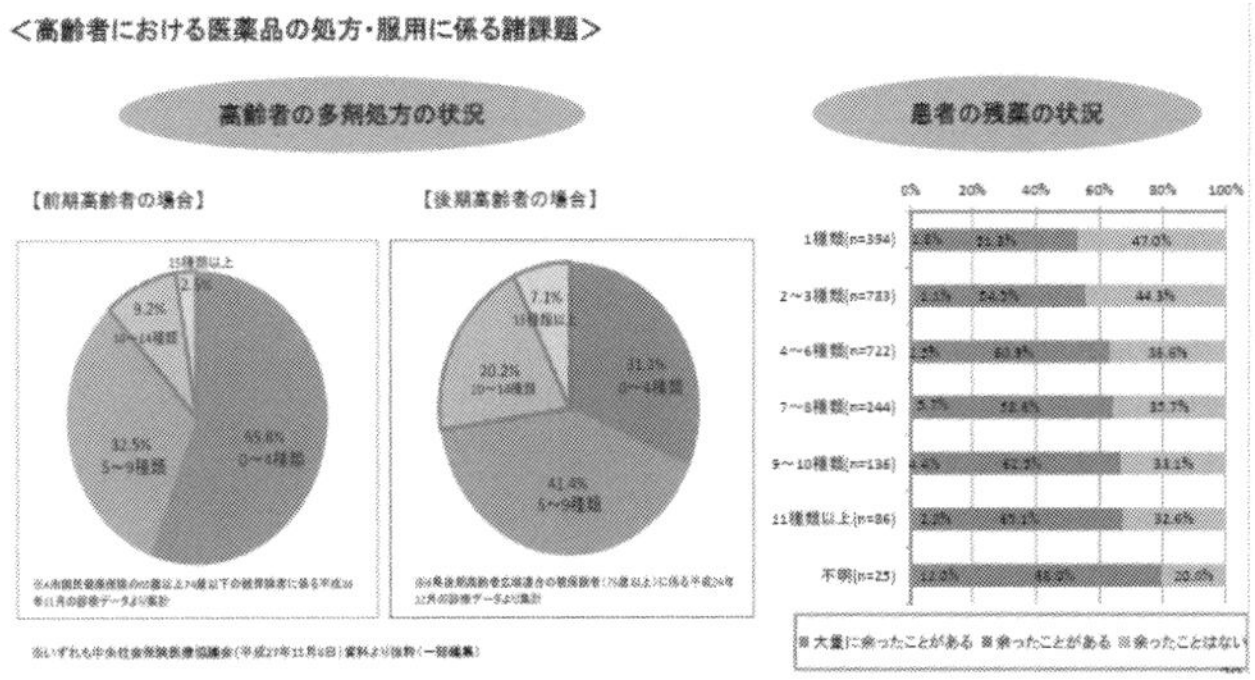

残薬も問題で、調査によれば、患者の50％以上に残薬の経験があります。処方剤数の多さが残薬の多さに比例する傾向もみられます。複数の医療機関で発行された処方箋を一元管理する仕組みや、薬剤師による服薬管理の徹底が望まれるところです（図表2―3―4）。

3―6　柔道整復等の療養費の問題点

柔道整復、あんま・マッサージ、針・きゅう等の療養費は年間で約4000億円、国民医療費の1％を占めます。柔道整復師の施術は、急性などの外傷性の打撲・捻挫・および挫傷・骨折・脱臼の場合に行なわれ、あん摩マッサージ指圧師の施術は、筋麻痺・関節拘縮等の症状が認められ、症状の改善を目的とした施術が必要と医師が同意している場合に限られて行なわれることになっています。また、はり師、きゅう師の施術は、神経痛・リウマチ・五十肩・頸腕症候群・腰痛症・頸椎捻挫後遺症の場合で、医師による適当な治療手段がなく、はり・きゅうの施術を受けることを認める医師の同意を得た上で行なわれます。

こうした療養費については、多部位、頻回、長期間受診等が問題となっています。不正を疑われる請求も多く、２００８年から２０１６年迄の８年間の不正請求等の件数は全体で約５万５千件、不正請求等の金額は９億５千万円にのぼっています。２０１５年には柔道整復療養費に関し、反社会勢力が関与した１億円を超える詐欺事件が発生し、社会的にも問題になっています。２０１６年度予算編成に関する財政制度等審議会の建議書にも取り上げられ、「柔道整復療養費については、今般、不正請求事件が明るみとなった。当審議会としては、改めて柔道整復師に係る給付のあり方の見直し（料金の包括化、長期・頻回に関する給付率の引き下げ、支給基準の見直し、受領委任払いが実施可能な施術所の限定等）に取り組む必要がある」と指摘しています（図表２―３―５）。

柔道整復師数は約６万８千人で、施術施設は４万６千か所に開設されています。また、あんま・マッサージは11万６千人、はり師11万６千人、きゅう師は11万４千人が就業しています。

特に柔道整復師の増加が顕著で、この10年間で３万人も増加しています。全国に柔道整復師学校・養成施設が１００以上あり、その定員は約９千人にものぼっています。就業数が急速に増えたこと、及び小規模施術所が大半を占めることから経営環境が厳しく、不正請求に走り易い風土になっているとの指摘があります。また、柔整審査会の審査力が弱いこと、行

図表２－３－５　柔道整復、マッサージ、はり・きゅう等の療養費の推移

（単位：億円）

	2008年	2009年	2010年	2011年	2012年	2013年	2014年
柔道整復	3,933	4,023	4,068	4,085	3,985	3,855	3,825
マッサージ	374	459	516	560	610	637	670
はり・きゅう	267	293	315	352	358	365	380

（出典）社保審　柔整療養費検討専門委員会資料

政の指導監督体制が脆弱であること、受領委任払い方式が採られていることなどが不正請求の要因になっているのではないでしょうか。利用者の療養費使用に関する知識・認識不足も要因の一つに挙げられます。

不正請求の防止に向け、厚生労働省は社会保障審議会に療養費検討専門委員会を設置し、対応策を検討しています。検討項目は、審査、長期・頻回・多部位対策、施術管理者要件、指導監査、請求など多岐に亘っています。不正対策は重要ですが、そもそも療養費の保険給付範囲を見直すべきではないか、とする意見も出されています。

３―７　疾病予防・健康増進事業の課題

病気にかからない健康な身体を作ること、疾病を早期に発見することは、勿論、医療費適正化に大きく貢献します。我が国の健康寿命は約75歳で、世界で最も高いと言われています。政府も「健康寿命の延伸」を重要政策課題として掲げ、各種施策を展開しているところです。

健康な高齢者を作るためには若年時代からの健康づくりの積み重ねが重要であり、従って、生活習慣からの見直しを啓発する必要があります。そうした問題意識から政府は２００８年に「高齢者の医療の確保に関する法律」を施行し、医療保険者に40歳以上の加入者を対象とする特定健診・特定保健指導の実施を義務付けました。また、死亡率が高く、医療費も高額となるがんに関しては、２００７年に「がん対策基本法」を施行し、爾来、市町村が中心となってがん検診の普及に努めています。

（1）特定検診・保健指導

特定健診・特定保健指導は開始後10年を経過しましたが、未だ目標を達成できていません。特に特定保健指導は低率にとどまっています。目標達成度合いによって後期高齢者支援金額に差をつける加算減算制度を法定化して促進を図りましが、この加算減算制度は当初から保険者から不評であり、インセンティブ効果も限定的でした。２０１７年にはこの加算減算制度が大幅に変更されました。すなわち、1）特定健診・特定保健指導の目標達成度合のみならず、保険者が実施する各種保健事業を評価要素に加え、2）国民健康保険は後期高齢者支援金の加算減算対象から除外し、国庫が助成する保険者努力支援金の交付額に差をつける、3）協会けんぽも同様に後期高齢者支援金の加算減算対象から除外し、47支部毎の評価手法として活用、その結果を支部の保険料率に反映する、4）健保組合・共済組合はこれまでと同様で後期高齢者支援金の額に反映するというものです。

何とも不可思議な改定であり、合理性に疑問を抱かざるを得ません。また、同時に特定保健指導の実施要領の見直しも実施されましたが、その評価は今後の推移を見てからとなりま

図表２－３－６　市町村のがん検診受診率（2016 年度）

	男　性	女　性
肺がん	51.0%	41.7%
胃がん	46.4%	35.6%
大腸がん	44.5%	38.5%
子宮頸がん		33.7%
乳がん		36.9%

（出典）厚生労働省報道発表資料

図表２－３－７　健保組合のがん検診受診率（2014 年度）

	被保険者	被扶養者
肺がん	71.9%	30.3%
胃がん	56.6%	27.5%
大腸がん	60.8%	30.5%
子宮頸がん	32.2%	24.0%
乳がん	34.7%	27.1%

（出典）厚労省「がん検診実施調査」

図表２－３－８　特定健診・特定保健指導の目標と実績（2016 年度）

	特定健診		特定保健指導	
	目　標	実　績	目　標	実　績
国民健康保険	60%	36.6%	60%	24.7%
協会けんぽ	65%	47.4%	30%	14.2%
健保組合（単一）	90%	77.4%	60%	24.2%
共済組合	90%	76.7%	40%	23.2%

（出典）厚生労働省報道発表資料

す（図表2―3―8）。

一方、市町村によるがん検診は、２０１６年度で50％実施を目標に設定しましたが、男性の肺がん検診を除き他のがん検診は全て目標未達で、特に女性の検診は伸び悩んでいます。子宮頸がん検診は欧米では多くの国で70～80％の受診率であり、日本の受診率の低さが際立っています。一方、被用者保険の保険者はがん検診実施を義務付けられてはいませんが、自発的にがん検診を実施している保険者も多くあります。特に被扶養者の受診率が低くなっていますが、市町村実施分で受診している者もいると推測されます（図表2―3―6、図表2―3―7）。

（2）がん検診

がん検診には幾つかの問題があります。第一は、国民の認識の問題です。調査によれば、検診を受けない理由として「時間がない」「健康に自信がある」「費用がかかる」等が挙がっていますが、「がんと分かるのが怖い」との理由も多くあげられています。がん発見は早期であるほど治療が容易等の正しい知識の啓発が必要でしょう。第二の問題は、精密検査受診勧奨を受けた者の行動です。実際には精密検査に出向かない者が結構多いのが現状となっています。第三の問題は、がん検診の標準化やデータの電子化が進んでいないことです。がん検診結果は個々の検診機関の独自フォーマットで作成されていますので、被用者保険では、検査データがばらばらのフォーマットで保険者に送付されるため、加入者毎の検診データとその後のレセプトデータの突合せが出来ない状態となっています。

（3）健康増進

２０１５年に「日本健康会議」が発足しました。これは、経済団体・保険者・自治体・医療関係団体などの民間組織が連携し、厚生労働省・経済産業省と協力して、国民の健康寿命の延伸と、医療費適正化に向けて、実効的な活動を行うことを目的とした集まりです。勤労世代の健康増進と高齢者の就労・社会参加を促進し、経済の活性化にもつなげることを目指すとしていて、事業主と保険者などの連携による健康経営の普及促進も目標に掲げています。

一方、保険者側は「データヘルス計画（5年計画）」を策定、施策推進に取り掛かっています。これは各種健診データやレセプトデータ等を分析して課題を抽出し、それに基づいてヘルス・リテラシーの向上を目指した保健事業計画を策定・遂行しようとするものです。健康寿命の延伸にこの計画がどの程度寄与するかは長期的に注視していく必要がありますが、全保険者が保健事業に計画的に取り組む姿勢を見せたことは評価できるのではないでしょうか。

このデータヘルス計画は、被用者保険にあっては、事業主との連携が必須であることは言うまでもありません。政府としても「コラボ・ヘルス」推進を謳っており、事業主／保険者双方への関連データの提供も開始されています。事業主も、日本健康会議の呼びかけ等もあって、自社従業員の健康問題の重要性を認識する気運が高まりつつあります。コラボ・ヘルス推進に当たって問題となるのは、個人情報保護との関係です。例えば、レセプトデータは保険者が持っていますが、レセプトは厳格な秘密情報であり、事業主に開示することは個人情報保護法に抵触する懸念があります。特に、精神疾患やがんの罹患情報等は慎重な取り扱いが要求されます。事業主・保険者間の情報交換の範囲と個人情報保護との関係を整理することが必要と思われます。

第三章　海外の医療保険制度の概要

世界の先進国・発展途上国を問わず、何れの国にあっても国民の最大の関心事の一つは安心して生活することが出来る社会保障制度を保持することでしょう。とりわけ医療の保障に関する欲求は極めて強いものと思われます。我が国においては、１９２２年という比較的早い段階で健康保険法が制定されました。これはドイツの疾病保険法を参考に設計されたもので、当初は被用者のみを対象とし、加入者は全人口の僅か３％にすぎませんでした。その後、様々な工夫と知恵の積み重ねで量的・質的にも拡大し、１９６１年には国民皆保険を達成したのです。

世界各国においても、医療保障については、その折々の国力や国民意識に対応した制度設計がなされています。大別すると、医療保険制度で対応するもの（ドイツ、フランス等）と税によって対応するもの（イギリス、スウェーデン等）に分類することができます。

この章では、保険制度を導入しているドイツとフランスの制度を紹介し、我が国との差異などにつき説明するとともに、両国の制度改革の歴史と今後の方向性を分析し、我が国の医療保障制度改革の参考にしたいと思います。

1　ドイツの医療保険制度

ドイツは世界最古の公的医療保険を持ち、その起源はビスマルクによる一連の社会政策立法（1883年～）にさかのぼります。戦前の日本は、ドイツを手本に社会保険方式の公的医療保険制度を導入しました。介護保険制度もドイツを手本としています。しかしながら、現行のドイツの制度は、民間医療保険との並立、統一法定保険料率の設定、保険者選択の自由、リスク構造調整方式の採用など、日本と異なる点も多くなっています。

1—1　制度の概要

（1）皆保険の適用と保険者の体制

ドイツの公的医療保険制度は基本的には被用者保険であり、自営業者等は一部を除き強制加入対象とはなっていません。被用者もすべてに加入義務があるわけではありません。一定所得（2019年：60750ユーロ＝約760万円、1ユーロ＝125円換算）を超える者、公務員の一部、裁判官など連邦官吏法で医療援助が受けられる者等は公的医療保険の強制加入が免除されています。しかし、一定所得以上の者も民間医療保険加入が義務づけられており、公的保険と民間保険のいずれかの加入で皆保険が成立しています。現在、国民の約9割が公的医療保険に加入しています。高齢者を対象とした特別な制度は存在しません。

ドイツの民間医療保険を見ると、50社前後の民間保険会社が公的医療保険と同様な保障範囲をカバーする様々な商品を販売しています。個別契約ですが、一般的には公的医療保険による給付に加え、更に充実した付加給付を行なう商品が多くなっています。こうした付加給付には、外来付加保険、病院付加保険、歯科治療保険、傷病給付金保険、疾病給付金保険等が準備されています。公的医療保険では保険料は所得水準で算定される「応能負担」であるのに対し、民間医療保険の保険料は、給付に応じた負担が求められる「応益負担」となっています。被保険者の年齢・性別、健康状態等の影響を考慮したリスクに応じた保険料を支払うことになります。公的保険の代替医療保険に被用者が加入した場合、公的医療保険に加入した場合の負担相当額を、雇用者が拠出することができます。通常は、雇用者支援の民間医療保険の契約が締結され、公的医療保険と同様に、雇用者と被用者が保険料を折半する形になっています（図表3―1―1）。

保険者は「疾病金庫（Krankenkasse）」と呼ばれる公法人で、109の疾病金庫が存在します（2019年1月現在）。

疾病金庫は組合方式で当事者自治の原則の管理を行なっており、管理委員会（労使同数の代表で構成）、理事会、専任の理事等で運営されます。日本の健保組合と相似していると考えればよいでしょう。我が国の医療保険制度は導入時にドイツのものを参考にしたため、健保組合も疾病金庫を真似て作られたことによります。疾病金庫は職域ベースを起源とする次の6つに分類されます。

図表３－１－１　公的医療保険の被保険者構成

公的医療保険の被保険者構成（2016年1月）

	本人			任意被保険者	家族被保険者	合計
		強制被保険者	年金受給者			
被保険者数（万人）	5,471	4,903	1,680	568	1,618	7,089
（構成比）	(77.2%)	(69.2%)	(23.7%)	(8.0%)	(22.8%)	(100.0%)

（※）連邦保健省の Gesetzliche Krankenversicherung Mitglieder,mitversicherte Angehörige und Krankenstandに基づく。

①企業ベースの「企業疾病金庫（ＢＫＫ）」
②地域住民を対象とした「地域疾病金庫（ＡＯＫ）」
③地域の手工業者がつくる「同業疾病金庫（ＩＫＫ）」
④「代替金庫（ＶｄＥＫ）」
⑤「連邦鉱山従業員・鉄道・海員組合（ＫＢＳ）」
⑥「農業疾病金庫（ＬＫＫ）」

１９９６年以降、被保険者が加入する保険者を自由に選択することができるとの法改正が拡大されたため、競争力強化を目的とした合併等が続き、疾病金庫数は減少してきました。また、加入金の選択自由化によって疾病金庫の種類による違いが希薄化してきています。

（２）財源

主たる財源は保険料であり、保険になじまない給付（出産等に関わる給付など）には租税（連邦補助金）が投入されています。２０１６年度の構成割合は保険料が約96％、連邦補助金約が４％でした。日本の税投入率は国と地方合わせて約40％であり、ドイツの公費投入率はかなり低いと言えるでしょう。

保険料率は各疾病金庫が独自に決定していましたが、２００９年に法改正が行なわれ、国が定める統一法定保険料率が適用されることとなりました。現在統一法定保険料率は14.6%であり、これを労使が折半で負担します。使用者側の保険料7・3%は固定されており、今後、保険料率の引き上げがある場合は被用者の負担だけが増加することになります。

（3）リスク構造調整

疾病金庫間の競争の公平を図るため、疾病金庫毎の年齢構成・性別構成・罹患率などを指標とした疾病リスクを算出し、それに基づいた「リスク構造調整」が行われています。すなわち、疾病金庫が徴収した保険料は、いったん連邦保険庁が運営管理する「医療基金」に納められた後、交付金として各疾病金庫に配分されます。この交付金配分額は年齢構成・性別構成・罹患率などを考慮したリスク構造調整を経て決定される仕組みとなっています。

「交付金＝基礎定額交付金（被保険者一人当たり定額）」±「リスク調整金」

各疾病金庫は与えられた交付予算で運営しますが、交付金額が不足する場合は追加保険料を徴収することができることになっています。2019年度の平均追加保険料率は0・9%であり、追加保険料も労使で折半されます。

リスク構造調整による予算配分措置もあり、医療保険の収支は比較的安定しています（図表3―1―2）。

図表３－１－２　公的医療保険の収支推移

（単位：百万ユーロ）

	2007	2008	2009	2010	2011	2012	2013	2014
収　入	153, 567	162, 516	172, 201	175597	183, 774	189, 688	195, 847	204, 237
支　出	153, 876	160, 937	170, 784	175, 933	179, 608	184, 249	194, 490	205, 540
収支差	1, 744	1, 430	1, 418	▲396	4, 165	5, 440	1, 357	▲1, 302

（出典）ドイツ連邦保健省 2015 年資料

（４）保険給付

公的保険による給付は、基本的には法律によって統一されていますが、一部、疾病金庫による付加給付が行なわれています。法定給付の給付対象は日本とほぼ同じで、外来・入院・処方医薬品・歯科診療・リハビリテーション、在宅医療等が含まれています。付加給付は、疾病予防・早期発見、傷病手当金等で、現物給付されます。また、「選択タリフ」と呼ばれる制度、具体的には、疾病金庫が提示する法定給付費以外のサービスカタログの中から被保険者が任意に選択し、追加保険料を支払って給付を受ける仕組みもあります。こうした追加の給付は、疾病金庫選択の自由化に伴い、新規被保険者獲得の手段としても用いられています。

（５）患者負担

疾病給付を受けた場合、被保険者の自己負担金があるのは日本と同じです。その負担額は、入院は１日10ユーロ（１ユーロ＝１２５円で換算し１日１２５０円。年間28日が上限）、医薬品・補助具は費用の10％（下限５ユーロ、上限10ユーロ）等で、かなり軽い負担となっています。18歳未満の者は、原則として自己負担を免除されます。さらに所得に対する負担限度額が設定されていて、一般患者の場合は年間所得の２％、慢性疾患患者は年間所得の１％となっています。

（６）医療提供体制

ドイツの医療は、開業医と専門医及び病院により提供されています。外来医療については基本的にフリーアクセスですが、専門医や病院にかかるには最初にかかった開業医の紹介状が必要とされています。政府は「家庭医」中心の医療を推進することで、医療費支出の抑制を図ろうとしているのです。家庭医になるのは、主に一般医、小児科医、家庭医医療を選択した内科医などです。各州の保険医協会と疾病金庫連合会で構成される委員会で保険医需要計画が策定され、各地域の人口に応じた必要医師数を基に各診療科の保険医師数を決定します。家庭医も定員制になっています。

病院は基本的には入院医療を担当します。病院には公立病院、宗教団体等の公益病院、市立病院がありますが、医療供給コントロールの権限は州政府が有しており、病院の投資的経費も州政府が負担します。病院数及び病床数は減少傾向にあり、代わりに介護療養施設が増加してきています。医療データの電子化が進んでおり、開業医と病院間で医療データを共有できる仕組みになっています。

調剤については完全な医薬分業になっています。医薬品は処方薬とそれ以外に区分されますが、処方薬の価格については政府による各種の規制が行なわれるものの公的な保険薬価は無く、製薬会社と個別疾病金庫または疾病金庫連合会との個別契約で決定されています。

（7）診療報酬

外来診療の診療報酬は、連邦保険医協会と疾病金庫中央連合会の代表で構成される評価委員会（日本の中医協に相当）において定められる「統一評価基準ＥＢＭ」において、各診療行為の点数が定められています。外来診療においても診療報酬の包括化が進められており、患者は定められた包括診療点数に個別医療サービス毎の報酬点数をプラスして支払うことになります。ＥＢＭは家庭医と専門医で報酬点数が異なっています。

入院の保険給付は各病院と疾病金庫との間の協約で決定されます。ＤＲＧ－ＰＰＳと呼ばれる診断群分類に基づく包括方式で、実際の在院日数や給付の質や量に拘わらず、予め定められた包括定額が支払われる仕組みです。

医薬品については「参照価格制度」が採られています。これは、同じ有効成分を有する薬剤や同じ治療効果を持つ薬剤については医療保険から支払われる価格は定額とし、それを超える価格の薬剤を服用する場合は超過額が使用者の自己負担となる制度です。後発医薬品の使用促進策としても活用されています。

1―2　ドイツと日本の医療保険制度の比較

ドイツの医療保険制度は19世紀後半に成立しました。日本でも医療保険制度を創設する際に参考としており、両者の間には類似点も多くありました。しかし、ドイツでは1990年代以降、数々の医療保険制度改革が行われ、現在では以前とその姿が大きく変容しています。現状、日本との相違点の主なものを整理すると次の通りとなっています。

（1）公的保険と私的保険との並立による皆保険

ドイツでは国民の9割以上が公的医療保険に、残りは民間医療保険に加入することで皆保険を達成しています。公的保険の加入義務免除ラインは年間所得約760万円（1ユーロ＝125円で換算、以下同じ）、月額で約63万円ですが、保険料算定にあたっての上限額は年間所得約680万円、月額約57万円に設定されています。一方、日本の標準報酬月額上限は139万円、標準賞与額上限は年間573万円になっています。ドイツの公的医療保険は中所得・低所得者を対象としているため、統一法定保険料率（14・6％）は日本に比べ高くなっています。

（2）疾病金庫の自由選択

ドイツでは1996年以降、疾病金庫間の競争を促進する目的で、加入者の疾病金庫加入選択権が拡大されました。その結果、１９９０年に１１４７金庫あったものが２０１９年には１０９金庫に激減しています。６つの疾病金庫分類の中で、日本の健康保険組合に最も近いのが「企業疾病金庫」です。企業疾病金庫は、もともとは企業と従業員が労使協調により設立した疾病金庫で、現在では２つの種類があります。ひとつは母体企業の従業員のみ加入を認める「閉鎖型」企業疾病金庫、もうひとつは金庫を広く開放し、母体企業従業員以外の加入を認める「開放型」企業疾病金庫です。

疾病金庫の自由選択制が導入されて以降、疾病金庫は規模の拡大による競争力強化をめざして合併を進め、企業疾病金庫数も減少しました。同時に開放型となる企業疾病金庫も相次ぎ、閉鎖型の企業疾病金庫の数も減っていきました。また、従来は母体企業と密接に結びつき、協力しながら従業員への医療保険給付を行ってきたものが、疾病金庫を開放することで母体企業との結びつきが弱まり、広く一般に医療給付を行う医療保険提供組織へと、そのあり方が変容していきました。近年、こうした流れの行きすぎを憂慮し、母体企業との連携や仲間意識等、疾病金庫が本来持っていた価値を再評価する動きが出てきています。

一方、日本では国民健康保険が都道府県単位化される前で１７００、健保組合が１４００、協会けんぽが1、共済組合が85、広域連合が47存在しました。いずれの制度・いずれの保険者に加入していても、ほぼ同様の医療サービスを受けられますが、被保険者が支払う保険料率は保険者により異なっています。勤務する企業や住んでいる地域、年齢で保険者が決められており、被保険者自らが加入する保険者を選択することはできない仕組みになっているのです。我が国の健保組合は、母体企業との連携の中で特に保健事業に力を発揮する等、共同体意識や仲間意識が保険者機能の発揮に有効に作用していると考えられると言えるでしょう。

（3）医療費の税負担

ドイツにおける国庫負担率は約4％であり、保険に馴染まない給付に限定されています。一方、日本においては国民医療費のうち25・4％を国庫で、13・2％を地方税で負担し、そのほとんどは後期高齢者医療制度と国民健康保険に投入されています。日本では多元的な保険者システムによる所得構造の歪みや、後期高齢者を切り離して別組織に統合したことなどが影響して公費投入率が高くなっています。日本においてドイツの様に保険料のみで運営されているのは健保組合だけなのです。

ドイツにおいても、今後の高齢化の進展や医療の高度化等に伴い医療費の増大が想定されています。これに伴い、保険料率の上昇や連邦補助金の増加が懸念されていますが、基本的には、必要な保険給付は公的医療保険でカバーするとの考え方は維持されていく方針のようです。現行方式を維持していくためには、医療費の効率化・適正化をこれまで以上に強化する必要があるでしょう。過去にも一部給付内容の縮減や廃止等の施策が実行されてきましたが、財源上の制約を考慮すると、更に一段上の対策が必要かもしれません。例えば、公的医療保険による給付やサービスについては必要最低限の基礎的なものに限定し、それを上回る部分については選択タリフのように保険料の追加負担を前提にした制度設計に変更する、あるいは民間医療保険との関係（公的医療保険に強制加入義務の基準所得を引き上げて、高額所得者を公的保険に編入する等）を見直すこともあり得ると思われます。

（4）リスク構造調整と医療基金、統一法定保険料

ドイツにおいては、疾病金庫は保険料を徴収して医療基金に納付し、リスク構造調整を経て予算を交付され、その範囲内で事業運営することとなっています。もちろん、不足が生じれば追加保険料を徴収出来ますが、追加徴収は疾病金庫の競争力を弱めることにつながるため、及び腰にならざるを得ないのが現状であろうと思われます。この様な仕組みでは、下手をすれば、疾病金庫は単なる保険料の徴収機関・保険給付手続きの事務機関に陥る懸念もあると思われます。保健事業や付加給付などの保険者機能もかなり限定されることになるでしょう。また、統一法定保険料設定と医療基金による予算配分の流れを見ると、社会保険料ではなく、第二の税金として徴収、所得再分配しているようにも見えます。

日本においては、保険料率は各保険者が自立して決定します。保険給付費に加え、付加給付や保健事業に必要な費用まで加えて設定することが可能となっています。しかしながら、

高齢者医療制度に関しては財政調整が行われており、この部分のみはある意味、医療基金的な所得再分配思想で制度設計されていると言えましょう。

（5）医療提供体制

ドイツの医療は家庭医から専門医・病院に繋がる仕組みになっています。日本でも家庭医に相当する「かかりつけ医」制度導入の動きがあります。我が国において、かかりつけ医があまり普及しないのは、診療所の専門分化が進んでおり、一般医または総合医・専門医の考え方が定着していないためであろうと思われます。かかりつけ医制度促進のため、紹介状無しで大病院の外来を受診する場合は追加料金を課す仕組みを作る等の施策を講じていますが、目に見えるほどの大きな効果は未だ出ていません。専門医については新しい専門医制度の基準が設定されましたが、新基準による専門医認定には時間を要す状態です。また、病院も中小規模のものが多く、一般外来から入院に繋げることを期待する傾向もあり、日本では家庭医の仕組みや病院と診療所の機能分化も進んでいません。

また、ドイツでは、医保険医需要計画をベースに地域毎の保険医数が決定されますし、家庭医も定員制であるところが日本と大きく異なる点です。

ドイツと日本の比較では、２０１６年度の保健医療支出の対ＧＤＰ比率は日本が10・９％でＯＥＣＤ加盟35か国中６位、ドイツは11・３％で３位であることがあげられます。千人当

図表３－２－１　医療提供体制の日独比較（2016年度、人口千人当り）

	医師数	看護師数	病床数
ドイツ	4.1人	13.3人	9.4
日　本	2.4人	11.0人	13.2

（出典）：日医総研レポート2018年4月

たり医師数はドイツが４・１人に対し日本は２・３人、看護師数もドイツが多くなっています（図表３―２―１）。

２　フランスの医療保険制度

フランスも社会保険方式を採用しており、全ての市民や居住者はいずれかの法定医療保険への加入を義務付けられています。法定保険制度は、職域毎に構築された多数の制度が交錯する複雑な構造となっています。また、法定部分と補足部分の２階建て構造になっている点や一般社会拠出金（ＣＳＧ）の投入などユニークな仕組みになっています。

２―１　制度の概要

（１）公的医療保険の適用

フランスの医療保険制度は職域をベースに始められました。職域ベースであったため、職域から漏れた無保険者が発生し、２０００年に基礎普遍的医療保障（基礎ＣＭＵ）を創設して無保険者を失くし、皆保険を確立しました。

その後の法改正により、全市民はもとより、外国人も含め、3ヶ月以上継続してフランスに安定的合法的に滞在する者も基礎医療保険と同じ給付が保障されることになっています。

（2）制度の仕組み、保険者

フランスの医療保険制度は2階建て構造になっています。1階部分の基礎医療保険制度（以下「法定制度」と呼ぶ）と、2階部分の補足医療保険制度（以下「補足制度」と呼ぶ）の2階建てです。

1階部分の法定制度は強制加入を原則とする公的制度であり、1）商工業の被用者を対象とした「一般制度」、2）特定職域の被用者を対象とした「特別制度」、3）非被用者を対象とした「自営業者社会制度」、4）農業従事者を対象とした「農業者制度」の4つに大別されます。日本の国民健康保険のような地域保険はありません。このうち「一般制度」が国民の約90%をカバーしています。一般制度は、疾病・出産、労災、老齢、家族の4つを給付対象とします。被保険者は退職後も現役時代に加入していた制度に継続加入し続けることになっています。従って、高齢者を対象とした制度は存在しません。保険者として、国・県レベルには医療保険金庫が、また、実務を担う組織として医療保険初級金庫（CPAM）が全国に101設置されています。

一方、2階部分の補足制度は、法定制度では給付の対象にならない部分を私的保険で給付するものです。法定部分の患者自己負担割合が比較的高いため、それを補填する役割を果たしているのです。具体的には、共済組合、労使共済制度及び保険会社の3種類の組織がこれを実施しています。このうち、労使共済制度は、労使自治を基本とする、フランス特有の組織です。フランスの医療保険制度においては、この補足制度の存在は重要です。近年、法定制度と補足制度の連携が進み、補足制度の役割は高まっています。政府も、補足制度に係る特殊な法規制や法制度の整備を進め、今や補足制度は公的制度に準じた役割を果たすようになっています。２０１６年の補足制度の市場規模は２１５０億ユーロ（約27兆円）に達しています。

（３）財　源

２０１５年度の財源構成は、保険料が約47％、租税が約50％（うちＣＳＧ約34％）となっています。保険料率は全国統一法定料率になっており、２０１７年度で13・64％です。保険料負担は労使折半にはなっておらず、使用者が12・89％、被用者が０・75％になっています。被用者の負担が小さいのは、後述するＣＳＧの負担が大きいからです。保険料の算定基礎額（日本の標準報酬等級）に上限は設定されていません。

医療保険制度への租税投入は、我が国と同じ様な一般会計からの拠出に加えて、「一般社会拠出金（ＣＳＧ）」が充てられます。ＣＳＧは広範な負荷対象を持つ社会保障目的税で、例えば、稼働所得にはその7・5％が、資産所得・投資益には8・2％が、くじ・カジノでの獲得金には6・9％～12％等のCSGが課されます。CSGは1991年に成立した財政法で創設されたものですが、1997年から公的医療保険にも充当されることとなりました。CSG導入により、被用者の保険料率は大きく下げられています（1997年5・5％から1998年には0・75％）。

（4）保険給付と患者負担

法定給付は医科診療、薬剤、補装具、検査、入院・治療、助産、リハビリテーション、移送費等ですが、歯科診療は法定保険給付対象から外されています。給付対象はほぼ日本と同様で、現金給付は傷病手当金と出産手当金等です。かつて外来は償還払い方式でしたが、現在は入院も含め全て日本と同じ第三者支払い方式に切り替わっています。但し、医療サービスの内容により給付率が異なっています。例えば、医師の診察は70％ですが、医療補助職による医療サービス行為は60％給付、入院は80％給付等となっています。薬剤についても薬剤投与の必要性や薬価レベルにより給付率は5段階に設定されています。患者の自己負担はこの保険給付率に対応した一部負担金に加えて受診時定額負担金が課されます。その一部の負担を免責する仕組みもあります。法定制度の主な患者負担は次の通りです。

・外来診療…医療費の30％＋1回の診察毎に1ユーロ（年間上限50ユーロ）
・入院医療…医療費の20％＋1日当り定額18ユーロ

・薬剤…薬剤によって異なる（免責負担額：0.5ユーロ）

自己負担の額は法律上定められておらず、全国医療保険金庫連合会の評議会において、保険診療としての必要性の高さや費用対効果等を勘案して決定されます。

一方、補足制度の保障範囲は入院・外来・医師そして歯科診療など様々なオプションの組み合わせがあり、それによって保険料も異なっています。

（5）医療提供体制

医療施設としては、公立病院（県立・市町村立で国立は僅少）、民間非営利病院（社団、財団、宗教法人）、民間営利病院（個人、会社組織）、診療所（個人）があります。

公立病院が約1000施設で病床数は約30万床、公的病院活動に参加する非営利病院が約560施設で約5万床、公的病院活動に参加しない非営利病院が280施設で1.5万床、営利病院が1000施設で9万床となっています（2013年時点）。

医師数は、開業医が約12万人、勤務医が約8万人ですが、人口当たり医師数には地域格差が大きいという問題も抱えています。自由開業制によって医師の偏在が生じており、医療へのアクセス確保が重要課題となっています。医師の職業団体としては、全員強制加入の医師会と、職種などで組織される医師組合があります。

2005年から16歳以上の被保険者・被扶養者に「かかりつけ医」登録を義務化しました。

一般医・専門医を問わずかかりつけ医になることが出来ます。但し、かかりつけ医を通さずに診療を受けた場合は償還率が70％から30％に下がることになります。なお、調剤については完全医薬分業体制となっています。

（6）診療報酬

診療報酬は原則として，法律や行政立法ではなく，医師組合と保険者の全国レベルの団体である全国医療保険金庫連合会の交渉（日本の中医協に相当）及びこれに基づく「協約」によって定められます。この協約は全国に適用され、この協定基準に拘束される医師を協約医師と呼びます。一方では、協約外料金の請求を認める制度が存在します。協約医セクター2と称される医師で、協定順守義務を免れ協約報酬を超える料金（協約外料金）を請求する資格を与えられています。二者間の協約に拘束され、協約報酬を遵守する義務を負う医師は協約医セクター1と呼ばれます。

入院医療に係る診療報酬は、フランス版ＤＲＧ－ＰＰＳである包括支払い方式（Ｔ２Ａ）です。実際の在院日数や給付の質・量に拘わらず、およそ２２００の診断群分類毎に予め定められた包括定額が支払われます。但し、高額医薬品や高額医療機器については出来高払いが採用されています。また、「協約」に参加しない営利病院の一部では出来高払いでの支払いとなっています。

薬剤については、高等保健機構（ＨＡＳ）が費用対効果手法などを用いて保険収載希望の薬剤の評価を行ない、その結果に基づいて、医療製品経済委員会（ＣＥＰＳ）が製薬会社と交渉して薬価を定めています。償還率は既述のように全国医療保険金庫連合会が決定します。また、ドイツと同じ様に参照価格制度を導入しています。

（７）医療費支出目標（ＯＮＤＡＭ）

ＯＮＤＡＭは、前年度の医療費支出総額を基に公的医療保険における翌年度の支出総額をフランス議会で毎年議決するものです。社会保障財政への赤字懸念が高まる中、自律的な制度運営が任されていた金庫に対し財政再建に向けた圧力をかけるために導入された医療支出抑制策です。ＯＮＤＡＭはあくまで医療費支出目標であり、目標を上回った場合の罰則等は規定されていません。それにもかかわらず、２０１０年以降、医療支出はＯＮＤＡＭの目標額内に抑制されています。２０１５年の数字を例にとると、同年における実際の医療支出額は１８１９億ユーロ（約22兆７０００億円）で、ＯＮＤＡＭの予測値を１億ユーロ（約１２５億円）程度下回っています。

ＯＮＤＡＭでは、開業医・外来医療、公立・私立病院、障害者および高齢者等の社会的医療の各分野別に見込まれる医療支出の伸びを考慮して、全体的な医療支出目標額が設定されます。ＯＮＤＡＭ目標額を０・５％以上超過することが予測される場合、各職域の公的医療保険金庫は、警告委員会による警告を受けて支出抑制策（一定期間における特定の診報報酬の値下げ措置等）を提案することになっています。

2―2　フランスと日本の医療保険制度の比較

フランスの医療保険制度改革の歴史を見ると、重要なものは1990年の一般社会拠出金（CSG）の創設と、2004年の改革でしょう。2004年改革で、疾病金庫全国連合（UNCAM）の創設、新医療カード（Carte Vitale）の配布、かかりつけ医制度の義務化、自己負担の増加（外来診察時1ユーロの負担）、退職者等に対するCSGの引き上げ等が実施されました。種々の改定を経て、フランスの医療保険制度は日本のものとは大きく異なるものになっています。日本との相違点の主なものを整理すると次の通りです。

（1）二階建て構造

フランスの補足制度は私的保険ですが、その加入率は95%を超えると言われています。法定制度の自己負担割合が25%と高い（日本は11・5%程度）ため、それを補完する仕組みが必要とされたこと、また、2016年の法整備で民間雇用主に対する被用者への補足保険提供を義務づけたことが大きく影響しています。国民医療費の負担割合（2013年時点）を見ると、法定保険給付が75%超、補足保険給付が12%超、自己負担は6・7%、政府その他が5・6%

となっています。従って、フランスの医療保険制度は単純な二階建て構造ではなく、法定制度（公的保険）と補足制度（民間保険）とは複雑かつ錯綜した関係で併存しながら、一体的に運用されていると見做すことができます。

（2）一般社会拠出金（CSG）

フランスでは、1991年に社会保障制度の財政基盤の拡大を図るために、目的税的な役割を担う一般社会拠出金（CSG）が導入されました。経済停滞による保険料収入の伸び悩み、他方で社会保障支出の膨張によって社会保障の財政問題が顕在化したこと、社会保険料負担増により企業の国際競争力低下が懸念されたこと、更に高所得層に多い資産所得や投資益が賦課対象となっておらず社会的公正の点で問題があること等が、CSG創設の要因とされています。CSGの賦課対象は1）稼働所得及び代替所得、2）資産所得、3）投資益、4）くじ・カジノの獲得益であり、一般的には高所得者が多く負担する仕組みになっています。CSG導入によって医療保険財政に占める公費投入額が年々増加し、2015年度の公費投入割合は50％（うちCSG約34％）に達しています。社会保障費全体でみても、社会保険料と公費の負担割合は1990年が79・5％対17・0％であったものが、2009年には64・6％対31・9％と大きく変化し、社会保障財源の租税代替化が進行しています。

一方、我が国でも国の一般会計に占める社会保障関係費総額は1990年度の11兆6千億円から2018年度は33兆円と約3倍に拡大しています。国民医療費の財源構成を見ると2004年度は公費35・9%、健康保険料49・6%、患者負担14・4%であったものが2016年度には公費38・6%、健康保険料49・1%、患者負担11・5%に公費負担が徐々に増加しているのです。消費税引き上げ分5%を社会保障に限定充当することで合意しています。この引き上げに際し、与野党は引き上げ幅と引き上げのペースで今後の医療費の増高に対応できるのかと疑問を呈する意見や、所得だけではなく資産所得も保険料算定基礎に入れるべきとの意見もありますが、具体的な検討は進んでいません。

（3）保険償還率

フランスでは医療行為や薬剤などの種類によって給付率に差が設けられています。これは医療行為等の優先度を考慮したものであり、給付率を同一とする我が国とは対照的なものです。特に薬剤においては、高等保健機構（HAS）による費用対効果等の科学的分析による薬剤評価が給付率に大きな影響を及ぼします。また、フランスでは全ての医薬品が保険給付の対象となる訳ではありません。ただし、法定給付の自己負担分については、2階部分の補足医療保険において、診察・往診、入院、医療補助、検査、看護、移送、外部での治療、放射線、技術的行為、薬剤等の医療の中核的部分についてはほぼ100%補填出来ることになっており、補足医療保険に加入すれば、自己負担なしで医療を受けられる仕組みにはなってい

図表３－２－２　医療提供体制の日仏比較（2016年度、人口千人当り）

	医師数	看護師数	病床数
フランス	3.3人	9.9人	7.0床
日　本	2.4人	11.0人	13.2床

（出典）：日医総研レポート2018年4月

ます。

高度な医療技術や高価な新薬が次々に開発される一方、医療保険の財源には制約があるのは当然で、日本としても保険給付の対象薬剤を限定することや、効果の高低によって保険給付費に差をつける等の対応を検討していくべき時期なのではないでしょうか。

（４）医療提供体制

フランスにおいては、「かかりつけ医」への登録を義務付けたことが日本と大きく異なる点と言えます。日本ではかかりつけ医の導入が旨く進捗していないことは、ドイツ医療保険制度との比較の中で述べた通りです。日本ではは紹介状無しで病院受診した場合に追加負担が生じますが、フランスではかかりつけ医を通さずに診療を受けた場合は給付率で不利になります。また、医師の専門性の高さを評価し、診療報酬は専門医受診と一般医受診で異なっています。入院の診療報酬は包括支払い方式（Ｔ２Ａ）ですが、日本のＤＰＣによく似た制度であると言えます。

２０１６年度のフランスの対ＧＤＰ保健医療支出は11・０％でＯＥＣＤ加盟35か国中５位、日本は10・９％で６位です。人口千人当り医師数や病床数の比較は下表の通りです（図表3―2―2）。

（5）医療費支出目標（ONDAM）

ONDAMは医療「予算」ではなくあくまで「目標」とされています。しかし、フランスは中央の権限が強い国柄であること、医療費に公費が50％も投入されていること、警告委員会のような一種の監視組織が存在していることなどから、現在までは旨く機能していると思われます。

我が国では、政府の予算策定過程において、社会保障費の公費負担部分の自然増を一定幅に抑え込んでいます。診療報酬改定率もこの枠内で決定されます。このため経済・財政再生計画改革工程表を策定し、種々の施策実行によって社会保障費の増加を一定幅以内に抑える手法が採られています。この様に「予算」というスキームを通して間接的に医療費の総枠を決めてはいるものの、当該年度内の実績フォローや予算超過が見込まれる場合の対策手段は存在しません。経済・財政再生計画改革工程表に示されている諸施策は対処療法的なものになりかねず、医療保険制度の抜本的な改革に関する検討を始める時期なのではないでしょうか。

第四章　国民皆保険制度を将来世代につなぐために

我が国の社会保障制度の中でも、特に「医療」はきめ細かな医療保険制度と、完備された医療提供体制・高い医療水準等によって世界に冠たる制度を確立しています。日本の平均寿命は今や世界最長クラスであり、また国民の医療に対する信頼は厚く、国民生活の安心・安全にとって欠くべからざる存在になっています。しかし、我が国は、世界が経験したことのない超高齢化と少子化、国や地方の財政難、低成長経済等の環境変化に直面しており、このままの姿で制度を維持していくことは極めて困難になりつつあるのも事実です。日本が誇るべき皆保険制度を将来世代に引き継いでいくためには、制度の微修正に止まらず、かなり思い切った改革が必要かもしれません。

本章では、本編第2章でとりあげた医療保険制度等の諸課題を踏まえ、また、ドイツやフランスの制度改革の歴史も参考にしながら、今後の国民皆保険制度の持続性を高めるための方向性や具体的施策などを提示します。将来世代に引き継ぐために、制度設計者である国が為すべきこと、制度運用者である医療保険者や医療提供者が取り組むべきことを提案するとともに、受益者である国民の心構えなどについても触れたいと思います。

1　社会保険方式を維持するための必要条件

我が国の医療は社会保険方式によって担保されています。今後もこの方式が維持出来るのかということが根本的な課題です。厚生労働省はもとより医療関係者や医療保険者、ほとんどの国民も社会保険方式の維持を願っていると思われます。イギリスやスウェーデンに代表される租税方式による医療保障は、全体的な医療支出抑制や地域格差是正等に一定程度効果があるものの、国家財政の制約が直線的に医療関係費予算に影響を与えることが多く、また、場合によっては国が病院数や医師数までコントロールすることで、結果的には国民へのサービス低下や医療関係者のモラールダウンを招来する懸念があります。このことはイギリスのNHS（公的国民保健サービス事業運営体）の歴史（＊1）を見ても明らかであると言えるでしょう。

従って、我が国は社会保険方式を将来も維持していくべきです。では、社会保険方式を維持する上で考慮せねばならない必要条件は何なのでしょうか？　特に重要な条件は次の3つではないかと考えます。第一に、全体として医療保険を担保する財源は確保出来るのか、第二点は、保険料等の負担と保険給付とが見合う制度なのか、そして第三に、保険集団における自立・自助が保障されるのかの3点です。これが社会保険方式を支える基盤となるのです。また、仕組み全体に関する公平感や納得感が国民の間で共有されることが前提条件になることはもちろんです。

＊1（参考）イギリスNHSの教訓
1990年代のイギリスにおいては国家の財政難により医療費予算を抑制、更にNHSに市場メカ

ニズムを持ち込んで競争による効率化を試みた。結果的には、待機患者数の増加や平均待機期間の長期化等の医療サービスの低下、医療職の士気減退、病院の閉鎖等が発生、医療に対する国民の満足度は50％に満たないものとなった。

後を襲ったブレア労働党政権は、ＮＨＳの予算増加と医療従事者の増員、診療ガバナンスの規定、患者重視等を打ち出し、ＮＨＳ改革に取り組んだ。具体的には、ＮＨＳ予算を年平均で７・４％増やしたほか、５年間で医師を１万人以上、看護師を２万人以上、セラピストなど専門家を６５００人以上新たに増員させる計画も発表した。医療提供体制も病院から地域、治療から予防、家庭医（ＧＰ）単独診療からＧＰを中心としたプライマリ・ケアへと切り替えられ、診療報酬もこの動きを促進する配分が行われた。また、理念としては患者にとっての価値に基づく医療（Value-based Medicine）に比重が置くこととされた。こうした医療政策によって、イギリスの医療体制は国民の多くが評価するものに変貌を遂げた。

この様に税方式による社会保障は、国の財政状況に大きく左右されること、逆に、中央集権的な制度改革が比較的容易であるという二面性を持っている。医療保障や医療制度は国民の理念や価値観で決まると言えよう。

1―1　財源問題と医療費適正化

医療保険の財源は税が約40％、健康保険料が約50％、自己負担が約10％の構成となっていますが、この比率は維持できるのか、また各々の負担は可能なのかといった財源問題を見通さない限り社会保険方式は担保できません。国の財政が厳しい中で、経済に及ぼす影響への危惧や政治情勢も絡んで、消費税引き上げには常にかなりの抵抗があります。また、保険料増加は、可処分所得の減少や企業の負担増によって経済に悪影響を与えるため制約がありますし、自己負担についても保険制度である以上、自ずとその負担割合には一定の限界が課されていると考えるべきでしょう。このように財源問題を一挙に解決する手段が存在しえない以上、医療費の適正化も含め、かなり思い切った構造改革を断行しなければ今後の医療保険の財源確保は難しいと思われます。

1―2　負担と給付の見直し、高齢者医療制度改革

社会保険方式においては、税方式の場合よりも、保険料等の負担と保険給付との対価的関係が強いことで被保険者の納得感を高めています。負担と給付は1対1の関係が望ましいところですが、社会保険であるが故に、社会保険料は一定程度の所得再分配機能を有することは避けられません。高齢者の負担と給付の関係は、若年者のそれとは大きく異なりますし、それを社会全体で受け入れなければ共助の仕組みである社会保険方式は存立し得ません。しかしながら、超高齢化社会と少子化の中で、この所得再分配機能があまりに大きくなりすぎれば、高齢層と若年層との間で軋轢を生み、社会保険方式は崩れかねません。現行の医療保

険制度においては、「給付」は一部を除き年齢にこだわらず一律ですから、従って「負担」の差に関する矛盾を解決していかなければ将来設計は成立しないことになります。高齢者医療制度の改革、即ち社会保険料負担、税負担、高齢者の負担関係の見直しと、国民健康保険の被用者保険への財政依存関係の再検討とが、制度設計上の最重要課題の一つになると考えます。。

いずれにしても、医療費が増え続ける局面にあっては、租税負担、社会保障負担ともに増やさざるを得ません。この場合、国民負担の構成をどの様にするかの議論も必要でしょう。我が国の国民負担率の構成をみると、ドイツ、フランスに比べて社会保障負担率が低くなっています（＊2）。消費税を中心とした租税負担率を高めることで財源を確保する方向で検討していくべきではないでしょうか。

1―3　自立・自助と保険者機能

社会保険は、共助による社会連帯の側面を持つ一方、現代社会の基本原則である自立・自助の理念を基盤にした仕組みです。しかしながら、保険者間で年齢・所得構造が異なるため財政力の格差が生じるのが現実です。この格差是正のために公費投入や前期高齢者医療制度による財政調整が実施されています。更には財政安定化を狙いとした保険者の規模拡大、例えば国民健康保険の都道県単位化、共済組合と協会けんぽの一体化、医療保険体制の一元化

＊2

(参考) 先進国における国民負担率比較 (2014年度)

(対国民所得比：%)

	社会保障負担率	租税負担率	国民負担率
日　本	17.2	25.0	42.2
ドイツ	22.1	30.3	52.5
フランス	27.3	40.9	68.2
イギリス	10.4	35.5	45.9
アメリカ	8.3	24.4	32.7
スウェーデン	5.7	50.2	56.0

(出典)財務省資料より

といった議論が続けられています。自立・自助の理念を果たすにはどのような体制が好ましいのか、保険者間の格差を是正する方途に関する見直しが将来設計のためには必要です。従って、保険者の単位の問題を保険者の果たすべき機能の観点から検討し、今後どのように発展させていくかを考えることも、社会保険方式を維持していくためには重要な論点なのです。

2　制度設計者としての国の果たすべき役割

超高齢化や少子化がもたらす課題が認識されてから久しいところです。高齢者医療制度も、「急速な少子高齢化、経済の低成長への移行、国民の生活や意識の変化等の大きな環境変化に直面しており、21世紀においても真に安定し、生活と健康に対する国民の安心に答えられる制度としていく必要がある（2003年11月社保審医療保険部会意見書）」との認識のもと創設されたものです。その後も少子高齢化への対応策として数々の制度改定が行なわれて来ました。例えば、2015年1月の社会保障制度改革推進本部からの検討指示は、①国保への財政支援追加と都道府県単位化、②後期高齢者支援金の全面総報酬割化、③協会けんぽへの国庫支援率引き上げ、④入院時食事療養費の見直し、⑤紹介状無しで大病院を受診する場合の定額負担導入、⑤地域医療構想と医療計画・医療適正化計画との関連性整備、⑥予防・健康づくりに関するインセンティブ制度強化、⑦患者申し出療養制度の創設等でした。政府予算策定上の財政規律を意識した改定（①～③）、医療費適正化を意図した改定（④～⑥）、国民のニーズに応える改定（⑦）が混在しているものの、基本的には今後の医療費の増加に対応しようとする政府の姿勢を示していて、その点は評価できるのではないかと考えます。しかしながら、①～③については対処療法の感は否めず、④～⑥は効果額が小さいもしくは不明と言わざるを得ません。今一歩踏み込んで高齢者医療制度や医療費適正化を議論していくべきではないでしょうか。

2—1　高齢者医療制度の改革について

既述のように後期高齢者医療制度と前期高齢者医療制度は全く性格が異なります。前者は国民全体が後期高齢者を支える仕組みを目に見える形に可視化する制度であるのに対し、後者は、極言すれば、被用者保険が国民健康保険を支援することを目的とした財政調整の仕組みなのです。

（1）後期高齢者医療制度の見直し

後期高齢者医療制度は世界でも稀なユニークな制度ですが、現在では国民の間で定着しており、今後も継続せざるを得ないと思われます。但し、現行制度には問題と思われる部分があります。現役並所得者を公費負担対象から除外している点や、患者自己負担が1割に抑えられていること等です。こうした問題点に関しては、公費負担の適正化や自己負担の引き上げなどによって、団塊の世代が後期入りする前までには解決しておくべきです。更なる問題点は、公的年金控除額が若年層よりも高く設定されているため、保険料算定所得が低くなり過ぎていることです。２０２５年には人口の約30％が65歳以上になる超高齢社会の中で、公的年金控除や高額療養費制度など高齢者を対象とした特別的な取り扱いは見直していくべきではないでしょうか。

健康保険組合連合会の推計によれば、後期高齢者医療費は２０１５年の15・２兆円から２０２５年には25・４兆円と約10兆円も膨らむことが想定されています。この増加分は公費５割で５兆円、現役世代からの支援４割で４兆円、保険料１割で１兆円で賄わなければなりません。国費増加分は消費税の引き上げで対応する以外の方法は見つかりません（フランスのＣＳＧのような新しいコンセプトの税制を導入することは実現困難）。保険料は、後期高齢者人口が５００万人増加することを考慮すれば、保険料引き上げは避けられないとしても何とか対応可能と思われます。問題は現役世代からの支援です。保険料引き上げは不可避としても、64

歳以下の人口が約900万人も減る中で4兆円の負担増（一人当たり年約18万円増）が是認されるかははなはだ疑問です。また、拠出金が自分達への保険給付費を上回る事態は、事業主・保険者・加入者には受け入れ難いことですし、保険の負担と給付の関係からもかなり異常と言わざるを得ません。現役世代からの支援について、拠出割合に上限を設け、それを超える部分は国庫を充てる等の負担を軽減する仕組みを導入すべきと考えます。こうしたことも踏まえ、被用者保険に対しては、3年乃至5年程度の中期的な拠出金負担見通しを示すことも必要ではないでしょうか。

（2）前期高齢者医療制度の見直し

前期高齢者医療費は2015年から2025年の10年間で約1兆円の増加（11％増）に止まると推計されており、負担増には対応可能であろうと思われます。しかしながら、現行の前期高齢者医療制度に関しては被用者保険側からの大きな不満があります。明らかに前期高齢者に名を借りた国保支援施策（従って所得再分配の拡大解釈）であり、算定式にも不合理な点が多くなっているからです。具体的には前期高齢者納付金の10％弱が国保の64歳以下で使われていること、仮想加入者の後期支援金まで負担することなど（本編第2章で詳述）です。こうした問題は限られた専門家の一部にしか認識されていませんが、明らかに不合理であり、政府の責任で解決すべき事項ではないでしょうか。また、算定式において自部門の前期高齢者の一人当たり医療費を使う方式の見直しや、納付金のうち調整対象外給付費・加入者調整率により軽減された負担額については他の保険者への再按分方式から国負担方式に変更するなど、被用者保険側の納得感を少しでも高める配慮が必要と思われます。更に、前期高齢者の一部（例えば70歳以上）を対象に国費を投入する等の被用者保険の負担軽減策も検討すべきであると考えます。一方、国保側も都道府県単位化を契機に、前期高齢者と64歳以下の会計を区分することで前期納付金の透明化を図ることや、法定外繰り入れの廃止など不合理な仕組みを改善していくことが求められのではないでしょうか。

国民健康保険の都道府県単位化によって国保財政の安定化が達成された訳ではありません。今後も国保の財政難は続くでしょう。また、都道府県や市町村の政治的事情もあり、標準保険料の設定や足並み揃えての医療費適正化施策の実施なども紆余曲折が予想されます。国保の安定化に向けては財政のみならず、制度・仕組みについても、今少し国の指導力を強くしていくべきではないかと考えますがいかがでしょうか。

2―2　自己負担、給付率、保険適用範囲の見直し

何をさておいても医療費の伸びを抑制することが重要です。医療費適正化には様々な方途がありますが、自己負担割合、保険給付率、保険適用範囲の見直しによる効果は大きいと考えます。

（1）自己負担割合と保険給付率

自己負担は健康保険法附則において「医療保険各法に規定する被保険者及び被扶養者の医療に係る給付の割合については、将来にわたり100分の70を維持するものとする」と規定されています。また、厚労省は「長瀬効果（＊3）」の分析を用い、「自己負担3割では医療需要の6割が確保されるにすぎず、4割負担だと需要の5割未満となり、公的保険の意味を成さなくなる」として、3割負担が限界との見解を示しています。確かに、一般常識的にも、公的保険である以上、3割を超える自己負担を求めることは容易ではないでしょう。しかしながら、我が国の国民一人当たり受診回数の多さ（＊4）を見る時、フランスの例に見られるように、軽症患者や家庭医を介さない受診等に関する自己負担率を高率にする方法をそろそろ導入すべきではないでしょうか。特に軽症者の薬剤については患者負担割合を引き上げていくべきでしょう。

＊3（参考）長瀬効果

一般に、自己負担が改定されると、その影響を受けて患者の受診頻度が変わり、医療費水準が変化する。この効果を「長瀬効果」と呼ぶ。例えば、1972年に老人の医療費が無料化された時は、1975年の70歳以上の受療率が1970年の約1・8倍にまで増加したとされる。影響度合いは長瀬式　Y＝1－1・6X＋0・8X2、（Xは負担率、Yは医療費の抑制効果）で算出される。この式によれば、２割負担から３割割負担に変更すると、約17％の医療費抑制効果が期待される。しかし、実際には重症患者の場合は生死にかかわることでもあり、また、高額医療費制度による負担軽減があるため受診回数は大きく変動しない。軽症患者の場合には受診抑制が働くが、早期治療の機会を逸して重症化を招く恐れがあるとする意見もある。

＊４（参考）一人当たり年間外来受診回数の国際比較（２０１０年ＯＣＥＤ　Health Data）
日本13・４回、ドイツ７・８回、フランス６・９回、イギリス５・９回／年

（２）保険適用範囲

今後、ｉＰＳ細胞活用等の高額医療・高額薬剤の登場が続くものと見られています。医療保険財政が厳しい中で、こうした高額な技術を何処まで公的保険の給付対象に加えるかに関しては様々な意見があります。あまりに高額なものは公的保険の対象にはせず、私的保険でカバーする、あるいは私的保険との組み合わせで対応すべきとの意見も出始め、既に高額な「先進医療」を対象とした民間保険も登場しています。一方、低所得者の負担増を招来する民間保険活用は難しいとする意見もあります。確かに公的保険である以上、保険給付は公平・平等でなければ納得感を喪失してしまうでしょう。しかしながら、全てを保険給付の適用範囲にすれば、医療保険財政は破綻の危機に陥る懸念が高いと言わざるを得ません。

我が国の保険適用範囲は世界一広いと言われていますが、この際、既存の保険収載医療技術・薬剤・医療材料などの再評価を行ない給付対象を絞っていくことが必要と思われます。薬剤の例で言えば、治療薬「ハーボニー」のように非常に高価ではあるがC型肝炎を完治させる、言わば人の命を救う医薬品と、湿布薬・うがい薬・OTC（＊5）医薬品類といった軽度の症状に使用される医薬品とに分類し、後者については給付対象から外す、もしくは給付の割合を下げることで医療保険財政のバランスをとっていくべきではないかと考えます。そもそも個人では負担しきれない高額なものを補填するのが保険の本来目的です。人命にかかわる医療は価格に拘わらず公的保険の対象に加えるべきですが、それに見合った軽症部分を除外することを原則とすべきではないでしょうか。

また、柔道整復等の療養費に関しても、疾病としては軽度のものが多いことから、同様に保険給付対象から除外する若しくは自己負担割合を引き上げる等の措置を講じるべきだと考えます。

＊5（参考）OTC医薬品

OTC＝over the counter は医師による処方箋を必要とせずに購入できる一般市販医薬品のことで、医療保険の適用を受けない。処方箋薬から一般市販薬に切替えられた医薬品はスイッチOTCと呼ばれるが、市販化された後も保険収載は継続されるのが普通である。

2―3　保険料算定

保険料は所得のみによって算定されていますが、今後は所得だけでなく、金融資産も考慮すべきとの議論が持ちあがってきています。金融資産の保有状況を把握する方法は今のところ自己申告に頼るしかありませんが、フランスのCSGのように税と連動した形にすれば、ある程度把握可能かもしれません。それでも医療保険者が個人の金融資産情報まで入手することの是非は問われるでしょう。通常の保険料とは別個の付加保険料として行政機関が徴収し、各医療保険者に交付する方法も考えられます。いずれにしても、マイナンバー等の環境整備が必要であり、マイナンバー制度の普及・進展を進めなければなりません。

ドイツやフランスで行なわれている統一法定保険料率設定は、日本では実施すべきとは思われません。特にドイツの経済委員会による徴収・配分方式は正に社会保険料の租税化の観を免れません。日本においては、保険料率は個々の医療保険者が加入者の年齢構成と疾病リスク、所得による負担能力などを勘案して民主的に決定することで組織的合意を得ています。この自立した運営方式によって、中期的な事業計画策定や、積立金・準備金活用による弾力的な財政運用などが可能になっているのです。保険料率設定は、日本の医療保険者の重要な保険者機能の一つであり、皆保険維持に対する大きな利点なのです。

3　制度運用者である医療保険者や医療提供者が取り組むべきこと

制度を実際に運用する医療保険者と医療提供者の役割は極めて重要です。医療費増高の中で、健康増進や疾病予防、早期発見、医療費の効率的使用などに関し、互いに連携して取り組むべき責務を負っています。両者の協力体制構築がなければ、国民皆保険制度の持続性を担保することは困難になるでしょう。

3―1　医療保険者が取り組むべきこと

医療保険者には「保険者機能」の発揮が期待されています。保険者機能には、事務的機能（保険料の設定と徴収、保険給付、加入者の適用管理等）、付加的機能（保健事業、広報等）、戦略的機能（医療サービスの確保・連携、医療費適正化等）があるとされます。この内、付加的機能と戦略的機能は保険者によってその取り組みレベルに大きな差が生じているのが現状です。すべての保険者がこうした保険者機能を更に高めるべく工夫を重ねることが期待されています。

（1）保険者体制

我が国の医療保険者は、健保組合、協会けんぽ、国民健康保険等の多元的構造になっています。こうした多元的体制を廃し、保険者を一体化・一元化すべきとの意見もありますが、

＊6

保険種別の加入者一人当たり医療費（2014年度）

	全加入者	前期高齢者
健保組合	148,583円	442,395円
協会けんぽ	166,940円	456,854円
市町村国保	334,698円	504,153円

（出典）厚労省「医療保険に関する基礎資料」

これは主として財政面のニーズ（健保組合の財政力に期待）に立脚した発想でしょう。現状においては、実際には組織統合は実行されていないものの、高齢者医療制度を使った保険者間の財政調整が行なわれており、実質的には一元的な運用が一部存在しています。しかしながら、保険者機能発揮の観点から見れば、現行の多元的体制が大きな武器となっていることを認識する必要があります。例えば、保険者毎の一人当たり医療費を見ると、保険者機能発揮で先行する健保組合が最も低くなっていることが分かります（＊6）。保険者機能の発揮には、一定の規模と同一集団意識、財政的裏付け、事業主の協力等が必要で、健保組合がそうした特性を有していることの証左でありましょう。保険者体制が一元化されれば、国保・被用者保険を問わず、同一集団意識がなくなり、地方行政や事業主の医療保険への関心が薄まって、保険者機能発揮が阻害されると思われます。今後も原則として多元的体制で運営していく方が、公的保険制度として利点が多いと考えます。

（2）保健事業

データヘルス計画は保険者機能の発揮を促す計画であり、我が国の保健事業や医療費適正化を大きく前進・拡大する可能性を持つものと大いに期待されます。計画成功の鍵は、被用者保険においては事業主との連携であり、国保にあっては行政の指導力発揮でしょう。また、他の保険者との連携や医療機関との協調関係構築も不可欠です。政府も計画支援のため、様々な仕組みを導入しています。保健事業に対する各種インセンティブ制度（国保の保険者努力支援金、健保組合・共済組合の加算減算制度、保健事業ポイント制等）や、国保運営委員会への被用者保険者側委員参画、地域医療構想調整会議への保険者代表委員の参画などです。データヘルス計画は開始されたばかりで、評価は今後の展開を見る他ありませんが、実行面では様々な困難や軋轢が発生することは明らかです。例えば、医療保険者と事業主との個人情報共有、被用者保険と国保間の特定健診・がん検診の協働体制構築、都道府県医療計画・医療費適正化計画策定と実行における医療機関と医療保険者の連携深化など、実施段階における課題や軋轢を解消していかなければなりません。今後の政府の迅速な対応を期待します。

3―2　医療提供者が取り組むべきこと

人口構造が変わる中で地域医療構想に基づく病床機能再編や地域包括ケア・システム確立等の医療構造改革が進められています。また、医療機能として、医療技術の更なる高度化が求められる一方、国民の健康増進や疾病予防への積極的関与による医療費適正化が求められるなど、医療提供者の活躍場所は複雑化し幅広いものになりつつあります。こうした動きに対応して病院の機能分化や診療所との役割分担の明確化が優先課題であり、それを推進する政策や診療報酬上の手当てが必要です。また、調剤費の急増を抑えるべく、各種施策を講じることが求められます。

（1）病院の機能分化

急性期中心の医療から回復期・慢性期医療へとシフトしていく方向性については、地域医療構想の中で地域毎の機能別病床必要数の推計データも示され、医療関係者の間でも概ね理解されています。また、病床再編等を促進する目的で、毎年約９００億円の公費も手当てされています。それにも拘らず、病院の機能分化の進展速度は遅いのが現実です。最大の障害は、再編後の病院経営の安定性を担保出来ない点でしょう。病院経営の厳しさに鑑み、診療報酬の経過措置の活用や地方からの継続的助成金等の措置を検討するとともに、在宅医療拡大や保健事業への参入等、病院経営の安定化を目指す新分野開拓を支援する方策も必要と思われます。

（2）病院と診療所の機能分化

かかりつけ医の仕組み確立を目指して、診療報酬上の評価や紹介状無しで病院を受診した場合の定額負担の導入等を行なってきましたが、その効果はあまり大きく出ていません。我が国では診療所も専門分化しており、また、総合的に患者を診療する総合医（ドイツの一般医に相当）がほとんど存在せず、従って、患者も疾病の種類によって複数の専門診療所で受療するか、総合的な病院で受療せざるを得ません。総合医などの体制が未整備の中でかかりつけ医の仕組みを導入することには無理があります。総合医の育成と体制整備を急ぐことが先決と思われます。ただし、その基礎を作るために、紹介状無しの患者に定額負担を求めるのではなく、紹介状無しの新規患者は病院では一切受け付けないとの方針を打ち出すこととしてはどうでしょうか。もちろん、救急患者などの例外は設定するとしても、一部の大病院では既に実施されていることもあり、国民には受け入れ易いと思われます。

（3）診療報酬の包括化

我が国においては、入院診療に関しては大病院ではDPCによる包括払いが、中小病院では出来高払いが多いですが、徐々にDPCに切り替えつつあります（2016年時点のDPC病院は1667で全病院の22％）。

DPCによって医療の標準化や効率化が進んだものと評価されていますし、患者側にとっても安心感が得られる等メリットが大きいと言えます。一方、外来診療は出来高払いが中心です。出来高払いは、行なった診療行為に対する報酬が必ず支払われるため、必要となる医療を十分に提供することができることから、医療提供側・患者側双方ともに納得性が得られやすいものがあります。反面、患者に必要以上の医療サービスを提供して報酬をより多く得ることも可能となるため、過剰診療を誘発する可能性もあります。こうした点を考慮すれば、入院医療、外来医療ともに出来るだけ包括払い方式に切り替えていくべきだと考えます。また、医学会主導による治療の標準化やガイドラインの設定等により、適切な水準の診察回数や治療が行われる仕組みを構築していくことも必要です。更に、医療の効率化のためには、医療関係者の医療保険財政に関する正しい認識やコスト意識の醸成が重要と思われます。

（4）医療のＩＴ連携

医療分野のＩＴによる連携はあまり進んでいません。関係する医療機関間での検査結果の共有などがあまり行なわれず、重複検査や重複調剤等が発生する要因の一つになっています。情報連携が進まないのは、医療機関毎に異なる情報システムを使用していることが大きな阻害要因になっているのです。病院同士あるいは病院と診療所間の患者受け渡し時の情報連携は特に重要です。厚労省が主導し、引き継ぐ情報やフォーマット等を定型化するなど連携強化のための環境整備を急ぐ必要があります。総合医／一般医が定着すれば、そこで患者情報を一元管理する体制を整えることで医療費の効率化が図れるものと期待されます。

（5）調剤医療費の適正化

薬剤価格（薬価）は中医協において外国価格も参考にしながら決定されています。製薬会社の開発意欲を促進するための薬価維持制度はあるものの、概ね公正且つ適正な価格が設定されていると思われますし、2年毎に薬価改定も行われています。最近、HTA（Health technology assessment 医療技術評価）方式の試行的導入が図られましたが、費用対効果の視点での薬価への反映は未だ不十分です。

一方、調剤薬局に対する報酬は多くの問題があります。調剤薬局の利益水準の高さは薬局数の増加スピードに反映されています。医薬分業の有効性を否定するものではありませんが、現状、負担が増えた患者に対する恩恵が殆ど無いことが問題なのです。調剤薬局の評価は、単にその機能や経営面の評価ではなく、患者側のメリットも勘案した評価に変えていくべきであると思われます。

4　国民に期待されること

医療費は国民によって負担され、医療サービスとして国民に還元されます。問題は「負担意識」が低いことです。自己負担が全てではないことを認識して貰うには償還払いに切り替えることが最も効果的と思われますが、それは不可能でしょう。従って、行政・保険者・医療関係者等が一体となって、医療保険財政の現状や医療費の効率的使用の必要性等をアピールしていかなければなりません。同時に、それらに気づいてもらうような仕組みを作っていくことも重要です。

（1）保健事業、疾病予防事業への参加

制度開始後10年を経過した特定健診・特定保健指導や各種がん検診の受診者数は伸び悩んでいます。これには様々な要因があります。加入者や市民の中に検査受診に消極的な者が常に一定程度存在していることも要因の一つです。こうした検診や保健事業に消極的な者、健康無関心層をどの様に啓発していくかは大きな課題です。医療保険者や地方行政の不断の努力のみならず、社会全体として工夫啓発告知の継続が求められます。

（2）人生の最終段階における医療

我が国の生涯医療費は約２６００万円、その内の半分を70歳以上で使用しています。特に終末期の医療は直接的に生死の問題に関わるため高額で、死亡前1か月の医療費は平均１１２万円に達すると推計されています（厚労省、２０１２年推計）。

終末期医療は単に医療費の問題ではなく、倫理観や人生観を含めた家族全体の問題です。厚労省は２０１５年に「人生の最終段階における医療の決定プロセスに関するガイドライン」

を改訂し、その中で、医師が適切な情報提供と説明を行なうこと、患者と医師が協議し患者本人の決定を基本に医療を進めること、治療方針決定に際しては患者が意思決定を行ない、その合意内容を文書にまとめること等の指針を示しています。しかしながら、この段階に至れば本人の認知度の問題や家族の了解といった諸問題が発生するのが現実です。

そこで、自分の終末期医療に関して判断力のあるうちに書面で意思表示しておく「リビング・ウィル」の仕組みを活用すべきでしょう。２０１３年の厚労省調査によれば、国民の約70％が意思表示の書面作成に賛成していますが、実際に作成した者は約３％に過ぎず、活用が進んでいません。国としては、国民の間で常識化・習慣化するような施策を考えるべきで、国民もまた真剣に考えていかねばならない課題と言えるでしょう。

（３）高齢者は支えられる側から支える側へ

政府は「生涯現役社会の実現」を謳い、「健康寿命の延伸」を重要政策に掲げています。日本の平均寿命は83・７歳、健康寿命は74・９歳で、いずれも欧米先進国の中でも上位に位置します。高齢者の就業者数は約７６０万人（前期高齢者４３０万人、後期高齢者３３０万人、２０１６年度）に達し、高齢化の進展と並行して増加しています。一方、働きたいが働いていない高齢者が前期高齢者で22％、後期高齢者で27％存在するとの調査結果も報告されていま す。こうした高齢者が就業し、医療保険上の高齢者を支える側に転換すれば、医療保険財政への影響は大きいでしょう。その為には元気で健康な高齢者を増やしていかねばなりません し、継続雇用の延長や高齢者雇用促進の助成制度等の法的措置はもとより、多様な働き方の容認など社会全体で高齢者の活躍場所拡大に取り組む必要があります。高齢者の社会での活躍は、超高齢社会に活気を与える効果も大きいのです。

参考文献

加藤智章他『医療制度改革 ドイツ・フランス・イギリスの比較分析と日本への示唆』（旬報社、２０１５年）
土田武史『ドイツの医療保険における「連帯と自己責任」の変容』（早稲田商学第４２８号、２０１１年）
松田晋哉『欧州医療制度改革から何を学ぶか：超高齢社会日本への示唆』（勁草書房、２０１７年）
印南一路『再考・医療費適正化―実証分析と理念に基づく政策案』（有斐閣、２０１６年）
前田由美子『医療関連データの国際比較』（日本医師会総合政策研究機構 No.407、２０１８年）
健康保険組合連合会「２０２５年に向けた医療・医療保険制度改革について」（２０１７年）
厚生労働省、財務省公表資料
ＯＥＣＤ Health Data

浜岡孝（はまおか　たかし）

静岡県下田市生まれ。早稲田大学卒業後、下田市役所に入庁し福祉事務所にて福祉行政全般を担当。その後日本アイ・ビー・エム株式会社にて渉外、ＣＳＲ(コーポレート・ソーシャル・レスポンシビリティ)、社長室など主に役員を補佐する仕事に従事。公益社団法人経済同友会や、橋本龍太郎内閣総理大臣時に設置された行政改革会議事務局への出向も経験。現在は、防衛大臣や自民党政調会長を務めた稲田朋美衆議院議員の政策担当秘書。

国民皆保険制度を破綻させてはならない

令和元年六月一日　第一刷発行
令和二年十一月十四日　第二刷発行

著　者　浜岡　孝
発行人　荒岩　宏奨
発　行　展　転　社

〒101-0051 東京都千代田区神田神保町2-46-402
ＴＥＬ　〇三（五三一四）九四七〇
ＦＡＸ　〇三（五三一四）九四八〇
振替〇〇一四〇―六―七九九九二
印刷　中央精版印刷

定価［本体＋税］はカバーに表示してあります。
ISBN978-4-88656-482-5